왕초보
주식투자
시크릿

왕초보 주식투자 시크릿

1판 1쇄 발행 | 2012년 10월 25일
1판 2쇄 발행 | 2016년 6월 20일
2판 1쇄 발행 | 2021년 3월 5일

지은이 | 박동우
펴낸이 | 이현순
디자인 | 정원미

펴낸곳 | 백만문화사
주소 | 서울시 마포구 독막로 28길 34(신수동)
전화 | 02) 325-5176
팩스 | 02) 323-7633

신고번호 | 제 2013-000126호
e-mail | bmbooks@naver.com
홈페이지 | http://bm-books.com
Translation Copyright© 2012 by BAEKMAN Publishing Co.
Printed & Manufactured in Seoul, Korea
ISBN 979-11-89272-23-4(03320)
값 15,000원

*잘못된 책은 서점에서 바꾸어 드립니다.

보통사람들이 '부'를 창출할 유일한 방법!

왕초보
주식투자
시크릿

박동우 지음

백만문화사

보통사람들이 '부'를 창출할 수 있는 유일한 방법

한국예탁결제원에 따르면 2011년 1월 현재 우리나라의 주식투자자는 460만에 달하고, 주식시장의 시가총액도 1300조 원에 이른다.

또 금융감독원에 따르면 2010년 7월에 외국인 투자자가 3만 명을 돌파했고, 기관투자자라고 분류될 수 있는 은행, 증권, 보험 등의 금융기관 개수가 무려 1,356개라고 한다.

지난 3월 초 우리나라 공직자들의 1년 동안 재산증감에 대한 보도가 있었는데, 1년 동안 돈을 가장 많이 번 수단으로 부동산 다음으로 주식이었다. 이 한 가지만 봐도 주식투자가 자본주의 사회에서 보통 사람들이 큰돈을 만질 수 있는 유일한 방법임을 알 수 있다.

주식투자 인구가 많은 만큼 주식투자에 대한 관심도 많다. 하지만 꾸준히 수익을 올린 개인투자자는 많지가 않다.

그것은 왜 그럴까? 여러 가지 이유가 있겠으나 주식은 어떤 것이고 주식투자는 어떻게 해야 되는가에 대한 정확한 이해 없이 잘못된 상식으로 투자하기 때문이다.

그러나 주식에 대해서 제대로 이해만 한다면 주식투자만큼 큰돈을 벌 수 있는 수단도 없다. 주식은 보통 사람들이 부를 창출할 수 있는 유일한 수단이라고 할 수 있다. 샐러리맨은 더욱 그렇다.

그러면 주식투자로 부를 창출하기 위해서는 보통 사람들은 어떻게 해야 할까?

무엇보다도 기본에 충실해야 한다. 주식이란 무엇이며, 주식시장은 어떻게 움직이는가 등 기본지식을 반드시 익혀야 한다. 주식투자에 대한 기본도 없이 투자하는 것은 마치 총을 쏠 줄도 모르면서 총 들고 전쟁터에 나가는 것과 같다.

그 다음에는 투자에 있어서 남과 다른 차별화 전략을 구사해야 한다. 남들이 한다고 무조건 주식시장에 뛰어들고, 남들이 많이 사는 종목이라고 해서 샀다가는 큰코 다치기 십상이다. 주식투자로 부를 창출한 대한민국 2% 부자들은 거의가 남들이 하지 않는 차별화 전략을 구사하여 돈을 벌었던 것이다.

본서는 이런 점을 착안하여 보통 사람들이 부를 창출하기 위해서 주식투자를 할 때 반드시 알아야 하는 기본 지식과 부자들이 구사한 차별화 전략에 대해서 집중적으로 제시했다.

독자들이 주식의 기본을 알고 더 나아가서 남들이 사용하지 않은 차별화된 전략을 구사하여 부자의 반열에 오르기를 간절히 바란다.

필자

| 차 례 |

| 차 례 |

| 차 례 |

1

SECRET

주식투자, 선택이 아니라 필수

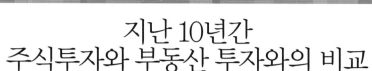

지난 10년간
주식투자와 부동산 투자와의 비교

지난 10년간 주식과 부동산을 비교해본 결과
수익률은 주식이 높은 것으로 나타났다.

아파트와 주식 중에서 과연 어느 쪽이 수익률이 높을까?

이것은 모든 투자자들이 가장 궁금해하는 의문이며, 아직까지 명확한 해답을 얻기 힘든 질문이다.

결론적으로 말해서 수익률은 주식이 부동산보다 높게 나타났다. 지난 10년간 주식과 부동산을 비교해본 결과 수익률은 주식이 높은 것으로 나타났다.

부동산정보업체 '부동산 114'에서 지난 10년간 주식과 부동산을 비교해본 결과, 아파트지수는 지난 2000년 12월 101.4에서 지난해(2010년) 말 236.2로 2.3배가 뛰었다.

반면에 같은 기간에 주식은 2000년 말에 코스피 지수 504.6에서 2051.0으로 4.1배나 뛰었다.

그런데 시장을 대표하는 상품, 이른바 블루칩끼리 비교하면 어떤 결과가 나왔을까?

한 일간지에서 2001년 당시 국내 주식시장에서 시가 총액 상위 5개 업체, 즉 삼성전자, SK텔레콤, KT, POSCO, 한국전력의 주가와 서울에서 3.3㎡당 가격이 가장 높은 아파트 5개, 즉 (개포 주공1단지, 압구정 구 현대 7차, 개포 우성1차, 잠실아시아선수촌, 가락 시영2차)의 매매가격을 조사해 봤다.

| 수익률은 주식이나 안전성은 부동산이다. |

2001년 1월 당시 시가 총액 1위였던 삼성전자의 주식은 2001년 말 당시 16만2500원(1월2일 종가기준)이었으나 작년(2010년) 말 94만9900원으로, 10년 사이에 주가가 5.6배 상승했으며, 포스코 역시 같은 기간 6.3배 올랐다.

반면에 2001년 1월 3.3㎡당 가격이 가장 높았던 개포주공 1단지(58㎡,3억7500만 원)도 13억 원에서 50억5000만 원으로 3배 이상 상승했다. 블루칩과 비교해도 수익률 면에서는 주식이 높은 편이다.

그러면 장기 투자의 경우 주식에 투자해야 수익이 항상 유리할까?

결론적으로 말해서 수익 면에서는 주식이 뛰어나지만 안전성면에서는 부동산이 나은 것으로 나타났다.

즉 이번 조사에서 5개 아파트는 지난 10년간 내리는 일이 없이 꾸준히 상승했지만, 주식 5개 종목 중 2개는 10년 전보다 떨어졌다. 좀더 구체적으로 말하면 2001년 당시시가 총액 2위였던 SK텔레콤의 주가는 당시 26만 5000원이었는데, 10년이 지난 작년 말(2010년)주가는 17만 3500원으로 33% 하락했다.

| 변동이 심한 주식과 변동 폭이 크지 않은 부동산 |

주가는 국내 경제적 상황과 여건에 따라 단기적으로도 변동이 심했다. 우리나라 주식의 '황제주식' 이라 불리는 삼성전자 주식도 2003년부터 2008년까지 4년 넘게 이어진 주식 상승기에는 28만8000원에서 57만 원까지 2배 가까이 올랐으나, 글로벌 금융위기 때인 2008년 5월 이후 76만 원에서 46만2000원으로 39% 하락했다.

그러나 부동산은 달랐다. 개포주공 아파트의 경우, 부동산 상승장에서는 4억3500만 원에서 13억2500만 원으로 3배 이상 올랐으며, 반면에 하락장에서는 12억9500만 원에서 10억7500만 원으로 내려갔으나 겨우 17%하락에 그쳤다.

이번 조사를 통해서 우리가 알 수 있는 것은 주식투자는 많은 변동으로 인해서 10년 동안 참고 기다리기가 매우 힘들다는 결론이다.

| 블루칩과 함께 등락하는 아파트 시세 |

최근 아파트와 주가는 반대 방향으로 움직인다는 통념을 깨고 블루칩의 주식과 등락을 같이 하는 것으로 나타났다. 이것은 우량 아파트는 주식과 마찬가지로 환금성이 좋기 때문에 나타나는 현상이라고 전문가들은 말한다. 따라서 우량 아파트는 가격만 맞는다면 집을 사려는 수요가 풍부하기 때문에 마음만 먹으면 언제든지 팔 수 있다. 즉 이것은 우량 아파트는 주식 못지않게 환금성이 좋다는 것을 의미한다.

그러하면 주식과 아파트 중 어느 곳에 투자하는 것이 좋을까?

재테크 전문가들은 전 세계적으로 저금리가 유지되고 있고, 유동성이 풍부하므로 주식이나 부동산 모두 가격이 상승될 여력이 남아 있으므로 둘 다 투자의 가치가 있다고 말한다.

주식투자에 합당한
경제 인프라가 구축되다

예금과 같은 이자 수익을 목표로 한 자산운용은
현금 유동성 확보 차원이라는 의미 외에 다른 것은 없다.

주식 투자에서 투자자들을 가장 곤경에 빠뜨리는 것은 바로 시장의 변동성이다. 주가의 오르고 내림의 폭과 깊이가 커질수록 사람들은 상당한 심리적 압력에 시달린다. 주가가 오를 때 투자하고 반대로 하락할 때 매도하는 거꾸로 된 매매 패턴이 사라지지 않는 것은 시장 자체보다 인간들이 갖고 있는 본연의 본성 때문이다.

변동성에 따른 심리적 압력에 대처하는 길은 장기 투자에 대한 믿음을 갖는 것이다.

현재 우리나라 주식시장은 과거와 달리 장기 투자에 적합한 구조로 발전하고 있다. 우리나라 증시는 1980년부터 2000년 대 초까지 1000 박스권에 갇혀 있었다. 모두 4번의 1000 고지 돌파가 있었지만 번번이 주저앉았다.

그러다 2000년대 들어 1000을 바닥으로 다지기 시작했다. 서브프라임 모기지 (비우량 주택 담보 대출) 부실 사태로 촉발된 글로벌 금융 위기에도 다시 대망의 2000대에 안착하고 있는 분위기다. 그런데 왜 2000년대 들어서면서부터 과거와 달리 장기 투자에 적합한 환경으로 발전하고 있는 것일까.

그 이유를 하나하나 짚어 보자. 이것이 우리가 왜 주식투자를 해야 하는가에 대한 답이 되기 때문이다.

첫째, 금리 문제를 지적할 수 있을 것이다.

2000년대 들어 안전 자산으로 분류되는 은행 예금의 이자 수익은 세금과 물가 상승률을 감안하면 거의 없거나 때로는 마이너스를 기록하고 있다. 이런 저금리가 지속되는 한 이자 수익의 매력은 결코 높아질 수 없다. 예금과 같은 이자 수익을 목표로 한 자산운용은 현금 유동성 확보 차원이라는 의미 외에 다른 것은 없다고 해도 과언이 아니다.

반면 주식시장의 주가수익률(PER)은 2000년대 들어 7~14 수준으로 안정적인 흐름을 보이고 있다. PER의 역수를 주가 이익률이라고 한다. 이는 간단하게 말해 PER을 뒤집으면 된다. 만일 PER가 10이라면 이 10의 역수인 10%가 주가 이익률이 되고 PER가 7이면 14.3%가 된다.

주가 이익률이 의미하는 바는 주식이란 자산이 갖고 있는 자산의 이익의 힘을 말한다. 이 수치를 다른 자산과 비교하면, 어떤 자산이 매력적인지 가늠할 수 있다. 현재 국내 증시의 PER가 14 정도 되므로 주가 이익률은 7.14%가 나온다. 반면 1년 만기 정기예금은 금리가 높은 저축은행이더라도 4.6%에 불과하다. 여전히 주식 자산이 투자처로서 매력을 가지고 있다고 볼 수 있다.

둘째, 우리나라 기업들의 글로벌 경쟁력을 들 수 있다.

미국이나 일본의 경험을 보면, 자국 내에서 힘을 얻은 기업들이 글로벌 기업으로 발전하는 과정에서 주가가 한 단계 레벨업 되는 과정을 밟아온 것을 알 수 있다. 1950년대에서 1960년대 미국 기업들이 글로벌화하면서 좋은 주가 흐름을 보였다. 일본 기업들도 마찬가지다. 1970년대에서 1980년대 세계시장에 진출하면서 주가가 한 단계 뛰었다.

삼성전자·현대자동차·포스코·현대중공업 등 세계적 경쟁력을 갖고 있는 우리나라 기업들은 이제 글로벌 기업으로의 변신에 성공했다. 당연히 이들 기업들의 주가도 과거와 달리 한 단계 레벨업 되는 과정을 밟고 있는 것으로 보인다.

또한 이들 기업들은 과거에는 미국 중심으로 수출했지만 최근에는 중국·인도·브라질 등 급속히 성장하는 신흥 국가에서 빼어난 실적을 올리고 있다. 그만큼 비즈니스 포트폴리오가 좋아진 것이다.

셋째, 이제 우리나라 경제는 고성장 단계에서 저성장 단계로 넘어왔다고 봐야 한다. 고성장 과정에서 기업들은 성장 확대 전략을 구사한다. 성장하기 위해서는 자금이 필요한데, 자본 시장이 발달하지 못한 기업들은 주로 대출에 의존해 자금을 조달했다. 또 주식시장을 자금 조달의 통로로만 인식하고 주주 가치에 대해서는 주의를 기울이지 않았다. 과거 주가가 오르면 국내 주요 기업들은 증자를 통해 자금을 조달했다. 주식 수량이 많아지면 주가 희석화 현상이 발생하기 때문에 기존 주주들이 주주 가치를 낮게 만드는 결과를 만들었다. 그러나 이제는 경제가 성장하고 기업이 안정되면서 자신의 주가를 낮게 평가하게 만드는, 울며겨자먹기식으로 증자를 통해 증자를 하지 않아도 되는 상황에 이른 것이다.

따라서 이제 우리경제의 성장과 경제 기반의 성숙으로 주식투자의 적기를 맞이하게 된 것이다.

배당을 목표로 투자할 수 있다

장기투자 대상으로 다른 대안이 없다는 것도
배당투자의 매력을 부각시키고 있다.

　　30대 중반의 직장인 K씨. 그는 최근 몇 년 동안 매달 가스공사 주식을 10주씩 매수하고 있다. 매입단가는 2만 원대도 있고 3만 원대도 있지만 주가에 관계없이 꾸준히 사들이고 있다. 시세차익보다는 배당을 목표로 하고 있기 때문이다. 가스공사는 매년 6%대의 시가배당을 하고 있는데 매년 연초에 들어오는 배당수익이 짭짤하다.

　　"안정적으로 매년 6%대의 이자를 주는 예금이 없거든요. 조금씩 꾸준히 사서 노후에 대비하고, 아들에게 유산으로 물려줄 생각도 있습니다. 사람들이 가스를 안 쓸 수도 없을 것이고 게다가 독과점 기업이기 때문에 망할 리도 없거든요".

　　K씨는 주가가 오른다고 팔 생각도 없지만 외국인과 기관이 계속 매수하고 있어 유통물량 감소로 주가가 상승할 것이라는 기대도 하고 있다.

과거에는 배당투자란 개념 자체가 생소했다. 연 10%대의 은행이자가 일상적이던 때에 주식이란 사고팔아서 시세차익을 올리는 대상이지 배당을 보고 투자한다는 것은 어리석은 얘기다. 하지만 금리가 3~4%대로 떨어지면서 배당투자가 대안으로 부상하고 있다. 저금리가 일시적 추세가 아니라 정차간계에 있기 때문이다.

저금리는 한국만의 문제가 아니라 전 세계적인 추세다. 과거에는 경제성장률과 물가상승을 합한 수치를 금리수준으로 인식했지만 지금은 금리가 경제성장률 수준으로 떨어졌다. 또한 과학기술의 발달은 생산성을 급속히 행상시켰고, 그 결과 기업의 공장가동률이 하락해 추가적인 설비투자를 꺼리게 됐다. 기업이 투자를 하지 않자 당연히 시중자금은 넘쳐나고 금리는 하락하고 있다. 고령화가 급속히 진행되면서 미래에 대한 불안 때문에 소비보다는 저축을 늘리고 있는 것도 금리하락을 부추기고 있다.

장기투자 대상으로 다른 대안이 없다는 것도 배당투자의 매력을 부각시키고 있다. 2002년에 이미 주택보급률이 100%를 넘어섰고, 2009년 DTI부동산 정책으로 특정 개발지역을 제외하고는 부동산 투기억제 대책으로 특정 개발지역을 제외하고는 부동산 투자의 매력이 줄어들고 있다. 개인 자산운용의 90%에 육박하는 부동산의 투자매력 감소는 저금리와 함께 자산 소득자들의 수입을 급속히 위축시켜 새로운 대안을 찾도록 하고 있다.

시중 예금금리보다 배당수익률이 높은 종목이 많고 시간이 갈수록 기업의 배당이 더욱 증가할 것이라는 관측도 배당투자 전망을 밝게 한다. 대우증권이 2009년 현재 분석하고 있는 200개 종목의 평균배당 수익률은 4.4%로 고금리 수준에 육박한다.

이 같은 흐름은 앞으로도 지속될 전망이다. 한국 기업이 외환위기 이후 외형성장보다 이익을 중시하는 선진국형 기업으로 바뀌면서 잉여 현금 규모가 급속히 증가해 배당을 늘릴 수 있는 기반을 갖췄다. 장기성장률이 둔화되고 있는 기업들이 성장 대신 배당과 자사주 매입을 통한 주주가치 실현에 나서고 있고 외국인과 기관투자가들은 배당금 확대 압력을 강화하고 있다.

| 배당주 투자전략 |

배당투자는 장기 보유하면서 배당수익과 시세차익을 함께 노리는 전략과 연중에 고배당주를 사서 연말에 매도해 시세차익을 노리는 단기투자로 나눠 볼 수 있다.

① 장기보유전략

먼저 5년 이상을 목표로 한 장기 배당투자전략을 살펴보자. 투자기간이 길기 때문에 종목선정 과정에서 기준을 확실히 해야 하는데 무엇보다도 재무구조가 튼튼하고 안전한 기업, 즉 망하지 않을 기업을 골라야 한다.

다음으로는 잉여 현금이 많아 충분한 배당재원을 보유한 기업, 그리고 시장평균 이상의 장기성장률이 예상되는 종목이 투자대상이다.

장기 배당투자에서 명심해야 할 것은 주가가 장기간 움직이지 않더라도 참을 수 있는 인내력을 길러야 한다는 점이다.

② 단기투자전략

시세 차익을 노리는 단기배당 투자전략은 투자기간이 6개월 안팎으로 짧다. 상반기에 매수해서 3분기 또는 4분기까지를 투자기간으로 한다. 연말 배당기준일을 앞두고 매년 11월과 12월 초·중순 무렵에 배당주가 테마를 형성하면서 상승하는 흐름을 이용한 투자전략이다. 연례행사처럼 해마다 이맘때쯤이면 주가가 상승하는 종목들이 있다. 때에 따라서는 배당을 받기 위해 해를 넘겨 새해에 매도하기도 한다.

단기투자전략은 투자기간이 짧기 때문에 시세변동 위험이 큰 만큼, 전체 시장흐름을 살펴야 한다.

③ 배당펀드 투자전략

　직접투자도 좋지만 배당펀드를 통한 간접투자도 대안으로 고려할 수 있다. 배당펀드는 한국 시장에서 가장 성공한 펀드로 평가받고 있다. 2009년에 상당수 주식형펀드가 부진한 성적을 기록한 반면 배당펀드는 수익률 상위권을 석권했다.

　배당펀드는 시장금리 이상의 안정적 수익을 올리겠다는 소박한 목표를 갖고 있다. 따라서 주가변동성이 큰 삼성전자 등의 대형 IT종목은 편입하지 않고 대신 현금흐름이 좋고 배당을 많이 주는 종목을 타깃으로 하고 있다. 배당펀드가 본격적인 주식형펀드보다 높은 수익을 올리고 있다는 것은 고배당주가 그만큼 시장에서 재평가를 받고 있다는 의미로 볼 수 있다.

주식투자, 선택이 아니라 필수

Part.

2

소액투자자와 봉급자들의
부를 창출하는 비결

소액으로 투자시 수익률 올리는 비결

소액으로 투자할 때 생각할 수 있는 또 다른 방법은
지수연동상품에 투자하는 것이다.

사실 지금과 같은 저금리 시대에 정기적으로 수입이 있는 봉급자에게
어떤 방법이 비교적 안전하면서도 수익을 올릴 수 있을까? 그럴 때 생각
할 수 있는 것이 주식이다.

만약 당신이 봉급을 타서 생활비로 쓰고 여윳돈으로 100만 원이 있다
고 하자.

최근 주식이 연일 상승세를 타고 있어 당신이 이 100만 원으로 우리나
라 대표주인 삼성전자 주를 사려고 한다면 어떻게 해야 할까?

이때 최소 매매 단위로 계산하자면 주식을 사기 위해서는 10주, 즉 780
만 원이 필요하다.

하지만 삼성주가 계속 오르지 않으면 낭패를 볼 수 있으므로 두 차례

나눠 산다고 할 때 최소한 1,450만 원 정도의 금액이 있어야 한다.

당신이 아직 1,450만 원은 준비되지 않았고 겨우 100만 원을 모았지만 삼성전자 등 대형주가 오를 것 같아 반드시 사고 싶으면 시간 외 거래에서 단주로 사는 방법을 생각할 수 있다.

거래소 상장 주식은 10주 단위로 주문을 내야 하지만 정규장이 끝난 뒤 시간 외 거래(이를 투자자들은 일반적으로 동시호가라고 한다)에서는 10주 이하 단 1주라도 주문을 낼 수 있다. 현재 1주를 사는 데 필요한 최소 금액은 대략 6만 원 선이다.

반면 삼성전자에 직접 투자하지는 않지만 삼성전자에 투자하는 것과 비슷한 방법으로 삼성주가지수를 반영하는 인덱스펀드, 적립식 펀드, 상장지수펀드를 사면 된다. 삼성전자가 시가 총액에서 차지하는 비중이 워낙 크기 때문에 지수의 움직임도 대개 같은 방향으로 움직이므로 비슷한 효과를 얻을 수 있다.

소액으로 투자할 때 생각할 수 있는 또 다른 방법은 지수연동상품에 투자하는 것이다. 특히 최근에는 삼성전자 등 개별 종목을 기초자산으로 하는 개별종목 지수연동상품도 속출하고 있다.

봉급자가 수익을 올릴 수 있는 가장 좋은 방법

최소한의 시간과 돈을 투자하여 안전하게
최대 수익을 추구해야 하는 소액투자자에게
적합한 투자방법이다.

봉급쟁이가 2010년 4월 1일에 매월 말일 정확히 100만 원씩 투자하여 주가지수와 동일하게 움직이는 인덱스 펀드(주가지수 연동 펀드)를 구입했다고 했을 때 현재(2011년) 4월까지 12개월 동안 총 1천200만 원을 투자했다는 결과가 나온다.

실제로 종합 주가지수는 1035.70원에 시작하여 2009년 4월 1730원으로 70%가량 주가가 올라간 것으로 나타나 연 70%의 수익을 본 것을 알 수 있다.

매월 100만 원씩 나누어 투자함으로써 주가가 빠졌을 때에 주식 수를 늘리는 기법으로 분산투자를 통해 수익을 극대화시켰다고 할 수 있다. 이는 최소한의 시간과 돈을 투자하여 안전하게 최대 수익을 추구해야 하는 소액투자자에게 적합한 주식 투자방법이다.

증권사마다 연관된 상품들이 마련되어 있으며 별도로 적립할 수 있으므로 직접 주식 계좌를 마련하고 최소 단위로 하여 매월 일정일에 펀드를 추가 매입하는 형식으로도 이용 가능하므로 도전해 봄직하다.

여기서도 지켜야 할 철칙이 있다. 반드시, 장기적으로 투자한다는 마음과 여유 자금으로 투자해야 한다는 사실을 잊지 말아야 한다.

좀더 구체적으로 설명하면, 지수연동상품(ELS)은 대개 종합주가지수를 기초로 해서 지수가 몇 % 오르면 몇 %의 수익을 주는 방향으로 개발된 수익증권의 한 종류이다. 예를 들어 100만 원을 예탁하는데 그때 주가지수가 500이었다고 하자. 그런데 만기가 되어 찾을 때 주가지수가 600이 되었다면 주가지수 상승률, 즉 20%의 이익을 붙여 120만 원을 받을 수 있는 저축 수단이다.

그러나 이들 상품은 주로 주가가 상승할 때보다 하락(또는 폭락)할 때 안정성을 추구하는 분위기에서 더 많이 거래되는 경향이 있다.

실제로 대한투자증권이 판매했던 ELS 상품은 주가가 0~20%미만 범위 내에서 상승 시 최고 연 19.99%수익이 가능하고, 장중 한 번이라도 20%이상 상승 시 연 4%수익을 확정하는 상품이다.

① 연봉이 1,500~1,800만 원인 봉급자

돈 버는 목표를 3년 내 3,000만 원으로 정한다.

주식에 투자하기가 힘든 봉급이다. 그러나 독한 마음을 먹고 1년에 1,000만 원 모은다는 생각으로 수입의 80%는 자신의 것이 아니라 증권사의 것이라고 생각하고 투자해야 한다. 카드는 교통비에만 사용하고, 휴대전화비도 절약하여 가급적 수신만 하도록 한다. 회사에서도 짜다고 소문날 정도로 절약하고 아껴야 한다.

매달 80만 원 중에서 20만 원은 적립식에 투자하고, 2011년 경우에 나머지는 펀드 특히 주가연계 펀드에 투자하는 것이 바람직하다.

② 연봉이 2,000만 원인 봉급자

돈 버는 목표를 4년 내에 5,000만 원으로 정한다.

1년 연봉이 이 정도면 부족하다고 느낄 것이다. 따라서 투자에 관심이 없을 수도 있다. 그러나 투자로 부족한 양을 채운다는 생각을 하는 것이 좋다.

월 중에서 100만 원은 증권사의 것이라는 생각을 하고, 60만 원으로 가족의 생활비와 용돈으로 하며, 나머지로 펀드와 주식에 투자한다.

4년에 5,000만 원만 모아진다면 전세금은 확보한 셈이 된다.

이 봉급자 역시 20만 원은 적립식에 넣고, 나머지는 펀드에 투자하는 것이 바람직하다.

③ 연봉이 3,000만 원인 봉급자

돈 모으는 목표를 3년 내에 7,000만 원으로 잡는 것이 좋다.

1년 연봉이 3,000만 원인 월급쟁이는 수입이 적은 편은 아니라고 할 수 있다. 그러나 세금으로도 돈이 빠져 나갈 것이고, 실제 남는 돈은 얼마 되지 않을 것이다. 그런데도 이 정도 수입의 봉급자는 과소비할 확률이 높다.

생활비와 용돈 등에 1년에 1,000만 원 정도 사용한다고 생각하고 나머지는 수입이 들어오는 날 즉시 적립식에 송금하라.

7,000만 원만 모이면 이제 주식뿐만 아니라 부동산에 대한 정보도 구하게 되고, 1억이 눈앞에 있으므로 더욱 절약하게 되고 돈이 모이는 재미를 느끼게 될 것이다.

매달 160만 원의 수입 중에서 적립식 펀드에 30만 원을 넣고, 나머지 130만 원은 주식연계 펀드에 넣는다.

④ 연봉이 4,000만 원 정도인 봉급자

돈 모으는 목표를 4년에 2억 원으로 정하라.

봉급자로서 연봉이 1년에 4,000만 원이라면 특수 직업에 종사하거나 중산층에 속한다고 볼 수 있다. 월수입이 300만 원 이상이므로 연간 생활비를 1,000만 원으로 정하고 나머지 3,000만 원을 3년만 저축해도 9,000만 원이 되므로 저축만 잘 해도 1억 원을 만들 수 있다. 따라서 투자하기 위한 돈 모으는 기간을 좀더 앞당길 수 있다.

⑤ 연봉이 5,000만 원 이상인 봉급자

돈 모으는 목표를 4년 내에 2억으로 정해도 무방할 것이다.

이 정도의 연봉자는 전문직에 종사하는 사람일 것이다. 2억 모아서 부동산에 투자하는 방법도 있고, 은행에 대출을 받아서 더 큰 자산에 투자할 수도 있을 것이다. 선택의 폭이 어느 부부보다 넓다고 할 수 있을 것이다.

매달 350만 원 중에서 적립식 펀드에 100만 원을 붓고, 나머지는 주식에 직접 투자할 수 있으며, 이때 분산투자를 고려해야 한다.

적금식으로 투자할 수 있다

주가가 오르면 오른 대로, 떨어지면 떨어진 대로
당초 정한 시기에 정한 금액만큼 주식을 사기만 하면 된다.

종목에 대한 분산뿐만이 아니고 투자시기에 대한 분산투자도 좋은 방법이다.

이 방법은 특히 주식시장에 처음 발을 디딘 봉급자들이 사용하기에 좋은 방법이라고 생각하는데, 봉급날마다 매달 적금식으로 주식을 매입하는 것이다.

우리나라 주식시장에서 개인투자자들이 실패하는 가장 큰 이유가 투자시점을 제대로 파악하지 못한다는 것이다. 정작 주식을 사야 할 때는 주식시장을 멀리하고, 주식을 정리할 때에 주식시장에 뛰어드는 경우가 많다.

주식투자는 심리가 많이 작용하기 때문에 심리가 불안해지면 아무래도 투자를 꺼리게 된다.

하지만 지나고 보면 이때가 바로 주식투자에 좋은 시기였다. 심리가 안정되어서 주식시장에 나서는 경우는 지나고 보면 상투권이 지난 다음의 경우가 많다.

그러므로 심리적으로 위축되지 않고 매달 일정한 날에 주식을 매수하면, 주가가 오르는 경우와 내리는 경우 모두 매수하는 것이기 때문에 평균 단가가 전반적으로 낮아지게 되는 것이다.

많은 주식투자자들은 주식시장에서 상승국면을 예상하면서도 단기하락이 두려워 주식 매수를 미루게 된다. 그러다가 주가가 급등하면 당황하여 추격에 나서는데, 이와 반대로 주식투자로 돈 번 사람들은 분산투자에서 종목의 분산뿐만 아니라 시기의 분산도 활용하고 있는 것이다.

| 정액정기 투자를 |

이 방법은 일정 수입이 있는 봉급쟁이 투자가들에게 권하는 방법의 하나로 대박은 터뜨리지 못한다 해도 쪽박은 차지 않는 방법이다. 이것은 또 실제로는 아주 쉬운 방법이다. 일정 금액을 일정한 시기에 장기적으로 투자하면 된다.

일정 금액은 각기 투자자의 경제사정에 따라 다를 것이다. 시기 또한 매월도 좋고, 보너스 나오는 달로 잡아도 좋다. 중요한 것은, 주가가 어떻게 흐르는지 관심을 갖지 않아도 된다는 것이다.

주가가 오르면 오른 대로, 떨어지면 떨어진 대로 당초 정한 시기에 정한 금액만큼 주식을 사기만 하면 된다. 이 같은 방법은 부풀린 가격으로 주식을 매수하는 데 따른 위험을 줄이고자 하는 목적을 갖고 있다. 주가가 올랐을 때 예전과 같은 금액으로 주식을 사면, 당연히 매수량이 줄어든다. 그나름대로 주가가 떨어졌을 때는 늘어난다.

정액정기 투자 방법

	투자액	주가	매수 수량
A건설회사	150만 원	1만 원	150주
B화학주식	150만 원	1만 5,000원	100주
C섬유주식	150만 원	5,000원	300주
총비용	450만 원		
평균가격		1만 원	
총주식 수			550주
평균 매수가격	약 8,500원		

왕초보 주식투자 시크릿

위 표는 150만 원씩 3차례에 걸쳐 주식을 매수한 결과를 요약하고 있다. 투자총액은 450만 원이다. 주가 단순 평균은 1만 원이다. 반면에 매수량을 감안한 평균가격은 이보다 낮은 8,200원이다. 수수료는 제외했다. 이 같은 가격차는 주가가 낮을 때 매수량이 늘어나는 데서 비롯된다. 주가가 오를 때 적게 매수한 위험을 덜어 준다.

하지만 이러한 방법이 모든 것을 해결해 주는 것은 아니다. 하락장세가 이어지면 어떤 수단을 써도 손실을 방어하지 못한다. 이 방법의 중요한 특징은 주가와 상관없이 정기적으로 매수한다는 점이다. 급등을 하든 급락을 하든, 그 결과에 흔들리지 말아야 한다. 자동매수에 간섭할 경우 저가 매수에 따른 이점을 놓칠 수 있다.

소액투자자와 봉급자들의 부를 창출하는 비결

분산투자, 가장 좋은 안전한 방법이다

물론 분산투자 해야 된다고 해서
지나치게 많은 종목에 투자하는 것은 바람직하지 못하다.

분산투자는 위험을 대비해서 어느 한 종목에 집중투자하지 않고 분산해서 투자하는 것을 말한다.

집중투자는 예상이 적중했을 때에는 많은 수익을 올릴 수 있지만, 그만큼 위험이 크다고 할 수 있다. 따라서 봉급자에게는 분산투자가 적합하다.

분산투자를 하기 위해서는 먼저 업종별로 분류를 해야 한다. 동일업종으로만 포트폴리오를 구성한다면 이는 분산투자가 아니고 집중투자라 할 수 있다.

예를 들어 분산투자한다고 하면서 삼성전자 경인전자 KEC전자의 주식으로 포트폴리오를 구성한다면 전자주식이 오를 때는 같이 오르지만, 세계반도체의 부진으로 전자업종이 내리막길이라면 같이 내리게 되는 경우를 경험하게 될 것이다. 따라서 연관성이 있는 업종의 포트폴리오는 피해야 한다. 예를 들어서 자동차업종과 자동차 부품업종으로 포트폴리오를 구성하면, 이 종목들은 유사하게 움직임을 보이는 확률이 많기 때문에 분산투자로 인한 위험성이 크다고 할 수 있다. 그러므로 수출업종과 내수업종 등 성격상 완전히 차이가 나는 업종으로 분산하는 것이 바람직하다.

또한 분산된 종목들의 투자비율도 고려해 보아야 한다. 제조업에 투자한 종목이 90%나 되는데, 증권업종에 투자하는 비율이 10%밖에 안 된다면 포트폴리오의 효과를 제대로 볼 수가 없다. 따라서 적어도 투자 종목 수에 합당한 투자비율을 산정하는 것이 좋다. 세 종목으로 분산했다면 30% 이내로 분산하고, 네 종목으로 분산했다면 25%내외로 하는 것이 바람직하다.

물론 분산투자 해야 된다고 해서 지나치게 많은 종목에 투자하는 것은 바람직하지 못하다. 투자종목이 지나치게 많으면 제대로 관리하지 못하기 때문이다.

오늘날과 같은 요동치는 경제상황에서는 더욱 그러한데, 자신의 주가의 변동을 확인하기 위해서는 주가의 관찰이 요구된다. 그런데 너무 종목이 많으면 종목 관리에 소홀해지기 쉽다.

또한 지나치게 많은 종목에 투자하면 수익성도 그만큼 악화되기 쉽다. 이 종목이 오르면 저 종목이 내리고, 저 종목이 오르면 이 종목이 빠지는 등으로 인해서 3~4종목에 분산해서 투자하는 경우보다 수익률이 낮게

소액투자자와 봉급자들의 부를 창출하는 비결

보이는 경우가 많다. 따라서 분산투자는 세 종목 많게는 다섯 종목을 선정하는 것이 수익 면에서도 바람직하다.

| 분산 투자의 구체적 방법 |

봉급자가 주식투자로 수익을 올리려면 다음과 같은 방법도 좋은 방법의 하나이다.

주식이 내림세로 돌아섰다가 거의 다 다시 반등을 시작한 때에 주가지수와 연계된 주식형 펀드에 가입한다. 목돈 2천만 원이 있었지만 그 자금을 한꺼번에 투자하지 않고 4회에 걸쳐서 나누어 적립한다.

예를 들어서 주가지수가 2149포인트였던 1월 15일에 500만 원을 A주식에, 그리고 2월부터 4월까지 각각 500만 원씩 나누어 투자한다.

	주가지수	매입지수
2010년 1월	2,149	5,898
2010년 2월	2,182	5,668
2010년 3월	2,148	5,898
2010년 4월	2,216	5,458
합계		22,911

최근 주가지수는 계속 상승을 이어가 이제는 오히려 주가지수가 낮았던 1월과 3월에 매입한 펀드가 당신에게 수익을 많이 내주고 있다는 것을 알 수 있다. 2천만 원을 투자하여 수익이 230만 원으로 반년 동안의 수익이 거의 15% 이상 나면 그것으로 만족해야 한다.

통상 분산투자를 부동산, 주식, 그리고 은행예금으로 나누어 투자하는 것으로 생각한다. 이것은 세부 항목에도 적용해 볼 수 있다. 만약 한 가지 종목에 투자했다가 그 주식이 떨어지면 오로지 손해만을 감수해야 하므로 3종목 이상에 투자를 하면 한곳에서 손해를 보더라도 나머지가 이익이나 손해를 줄여줄 수 있어 종목을 나누어 투자하는 방법도 있다. 또 같은 종목을 투자하더라도 3분법을 적용하여 일정 기간을 두고 투자 시점을 분산하는 방법도 있다.

투자자들이 아무리 조심하고 아무리 연구를 많이 해도 미래를 예측하거나 조종할 수는 없다. 태풍이나 지진, 정부의 리콜 명령, 특정 기업의 내부적인 문제 등으로 기업은 예기치 못했던 큰 타격을 받을 수 있다. 따라서 주식을 기업별, 상업별 등으로 분산하고 주식과 채권으로 나누어 투자한다면 그 분산된 숫자가 일반 투자가들에게 최소한의 손실, 안전을 보장할 것이다.

3

부자들의 특별한 전략, 차별화

돌발 상황에 대처하는 방법

험한 파도가 밀려오면 그 파도에 맞서는 것이 아니라
파도타기를 하면서 주식시장이 출렁거림을 이용한다.

요즘 여의도 증권가의 모든 시선이 블랙 스완(Black Swan :흑조(黑鳥))
에 쏠리고 있다.

블랙스완이란 금융시장을 뒤흔들 수 있는, 예상치 못한 큰 사건을 말한
다. 즉 일본 대지진 참사, 유럽 재정 위기 등 금융시장에 찬 물을 끼얹을
수 있는 대형 사건들을 말한다. 예상치도 못한 이런 돌발 대형 사고에 아
무리 뛰어난 투자전문가들도 속수무책이라 이런 사건을 어떻게 극복하고
좌초하지 않고 살아남는 투자방법에 대해서 많은 투자전문가들이 고심
하고 있다.

하늘이 무너져도 솟아날 구멍이 있다는 옛말처럼 이런 돌발 사건에도
해쳐나갈 방법은 있는 것이다. 주식부자들이 이런 돌발 상황을 어떻게 해
쳐나가는가 그 방법을 알아서 개미투자자들도 따라하는 것이 좋은 방법

이다.

① 파도타면서 배팅한다.

강남에 사는 주식부자들은 파도타기를 하면서 배팅한다. 즉 험한 파도가 밀려오면 그 파도에 맞서는 것이 아니라 파도타기를 하면서 주식시장이 출렁거리는 점을 이용한다.

강남의 주식 부자 김 모씨는 최근 일본 대지진 사태로 주식이 1880원까지 내려앉았을 때 과감히 2억 원을 주식에 투자하였다. 그 다음 며칠 후 주식이 다시 상승하기 시작하여 어느 정도 수익이 나자 김씨는 주식을 모두 팔아 처분하였다. 그는 그 이유에 대해서 이렇게 말하였다.

"현재 주식시장은 한 번 찌르기만 화면 악재가 마구 쏟아져 나올 것 같은 형세이므로 덕분에 저가로 매수할 기회가 많이 올 것 같아서 메도해 버리고 다시 기회를 기다리고 있다."

일본 대지진 참사와 같은 돌발사고가 났을 때 김씨처럼 부자들은 저가에 매수했다가 10~15%의 수익만 나면 매도해버리는 전략을 구사하고 있다.

② 현금을 확보해 놓는다.

　주식부자들은 일본 대지진 참사와 같은 예기치 못한 돌발 상황, 즉 블랙스완에 버텨나가기 위해서 현금 확보를 제일 우선으로 삼는다. 왜냐 하면 그런 돌발 상황에 주가가 떨어질 때 저가로 매수하기 위해서이다. 현금이 있어야 주가가 급락할 때 주식을 헐값에 살 수 있기 때문이다.

　예를 들어보자. 고병원성 조류인플루엔자(AI) 사태는 단기적으로는 악재였지만, 부자들에게는 예상치 못한 투자 기회가 온 것이다. 실제로 해당 종목들은 급락했지만, 이후에는 상승세를 보였다.

　살처분 등으로 공급이 부족해지면서 닭고기 값이 올랐고, 그 덕분에 기업의 실적이 좋아진 것이다. 따라서 현금이 많이 확보되어 통장이 두둑한 부자들은 고금리와 고유가가 지속되어 경기 회복이 늦어지는 상황이 와도 든든하다. 그들에게는 저가로 주식을 살 수 있는 기회가 많이 오기 때문이다.

③ 역발상 상품에 돈이 보인다.

　요사이처럼 크고 작은 사건이 터져 나올 때 부자들은 역발상 상품에 투자하여 톡톡한 재미를 보고 있다.

　역발상 상품이란 주가가 떨어져도 수익을 올리거나 손실을 제한할 수 있는 안전상품을 말한다. 예를 들어서 주가연계상품(ELS)은 주가가 떨어져도 일정부분은 수익을 올릴 수 있게 설계되어 있어 시장 상황이 혼란스러울 때 재정적으로 안전핀으로 삼을 수 있다.

역발상 상품으로 또 한 가지 생각할 수 있는 예는 현재 중동사태로 인해서 중동펀드가 저조한 수익률을 보이고 있지만, 유가상승으로 인해서 멀지 않아 중동번영을 가져올 수 있기 때문에 중동지역에 관심을 가지는 것이다.

인구구조의 3대 요소를 파악하여 투자한다

현재 투자자들은 평생 한두 번 있을까 말까하는 한
강력한 인구구조 변화에 직면하게 되었으므로
그에 대한 대응책을 마련하지 않으면 안 된다.

인구구조의 변화가 전세계적으로 이루어지고 있다. 이런 변화를 빨리 감지하여 그에 대응하는 것이 주식 부자들의 지혜이다.

전세계적으로 베이비붐 세대의 은퇴가 시작되면서 사회는 점점 늙어가고 있다.

글로벌 경제 강자로 떠오른 신흥국가에서는 소비를 주도하는 중산층이 급증하고 있다. 한편에서는 컴퓨터와 인터넷으로 무장한 신세대들이 사회 경제 주역으로 떠오르고 있다.

우리나라도 마찬가지다 우리나라 베이비붐 세대(1955년~1964년생) 도 이제 막 50대 중반으로 접어들면서 은퇴가 시작되었다. 특히 우리나라는 고령화시대로 접어드는 속도가 OECD국가 중 가장 빠르다. 지난 2000년에 고령화 사회(65세 이상이 인구 7%이상인 사회)로 집입했고, 2018년에는 고령사회(65세 이상이 인구의 14%인 사회)로 접어들 전망이다.

그 다음으로 새롭게 떠오르는 세대도 있다. 즉, 1980~1990년대에 태어난 M세대(Millennial Generation)이다. 저출산 시대에 부모의 경제력으로 소비시장에 막대한 영향력을 끼치고 있는 10세 안팎의 Z세대(가장 어리다는 뜻으로 알파벳의 마지막 글자인 Z를 따서 부른다.)가 떠오르는 세대이다.

이들 신세대는 성장하면서 기술과 친화력이 있는 세대이다. 골드만 삭스는 "앞으로 40년 동안 이들 M세대가 인구구조에서 리더역할을 할 것이다."라고 말하면서 "TMT(텔레컴뮤니케이션 미디어 기술)와 소비부분이 큰 영향을 받을 것이라고 하였다.

그러면 부자들은 이런 세대에 대해서 어떻게 대응하고 투자를 정하고 있는가?

먼저 고령화 사회에는 의료사업이 활기를 띠고 은퇴 후에 필요한 금융서비스를 제공하는 자산관리 회사에 기회가 있을 것으로 내다봤다. 그리하여 제약주 부분에 수혜가 있을 것으로 보고 제약 회사 주식이 선전할 것으로 전망하고 있다.

그 다음으로는 신세대 등장으로 국내에서는 인터넷 포털, 게임, 네트워크 서비스 콘텐츠 기업, 소비재 생산업 중에서 온라인 분야에 기업들이 강점을 가질 것으로 예상하고 있다. 그리하여 NHN 등 인터넷 검색 업체들과 엔씨소프트, 네오워즈 게임즈 등 게임업체들이 수혜주로 부상할 것으로 예상하고 관심을 보이고 있다.

이제 현재 투자자들은 평생 한두 번 있을까 말까하는 한 강력한 인구구조 변화에 직면하게 되었으므로 그에 대한 대응책을 마련하지 않으면 투자에 성공할 수 없다.

부자들의 특별한 전략·차별화

4

SECRET

주식, 이왕이면 제대로 배우자

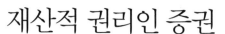

재산적 권리인 증권

주식과 채권을 대표적인 자본증권
이라고 할 수 있지만, 수익증권이나
파생증권도 자본증권에 포함된다.

| 증권 |

일반적으로 유가증권은 어떤 재산적 권리를 나타내는 증서를 말하는데
이를 간단히 줄여서 증권이라고 한다. 그리고 증권은 그 증권이 갖고 있는
재산적 권리의 내용에 따라서 화폐증권, 상품증권, 자본증권으로 구분된
다. 화폐증권은 은행권, 어음, 수표 등을 말하며 상품증권은 선하증권, 창
고증권, 화물상환증 등을 말하고 자본증권은 주식과 채권 등을 말한다.

이러한 증권들은 넓은 의미의 증권에 속하지만 증권시장에서 말하는 증
권은 대체로 좁은 의미로 해석하여 자본증권만을 일컫는다. 자본증권은
기업에 일정한 금액을 출자하였음을 표시하는 주식과 일정한 금액을 빌
려 주었음을 나타내는 차용증서인 채권으로 대별된다. 주식과 채권을 대
표적인 자본증권이라고 할 수 있지만 이러한 주식이나 채권을 기초로 해

서 만들어진 수익증권이나 파생증권들도 자본증권에 포함된다.

우리나라 증권거래법에서는 다음의 각호에 해당하는 것을 유가증권으로 규정하고 있다.

① 국채증권

② 지방채증권

③ 특별한 법률에 의해 설립된 법인이 발행한 채권

④ 사채권

⑤ 특별한 법률에 의해 설립된 법인이 발행한 출자증권

⑥ 주권 또는 신주인수권을 표시하는 증서

⑦ 외국법인 등이 발행한 증권 또는 증서로서 ①~⑥의 성질을 구비한 것

⑧ 외국법인 등이 발행한 증권 또는 증서를 기초로 하여 대통령령이 정하는 자가 발행한 유가증권예탁증서

⑨ 기타 상기의 증권 또는 증서와 유사하거나 이와 관련된 것으로서 대통령령이 정하는 것

투자대상으로 본 증권

주식과 채권을 대표적인 자본증권
이라고 할 수 있지만, 수익증권이나
파생증권도 자본증권에 포함된다.

기업은 증권을 발행해서 필요한 자금을 조달하는 반면, 일반 투자자들
은 여유자금으로 증권을 구입해서 투자수익을 얻을 수 있다. 이처럼 증권
은 자금조달수단인 동시에 투자대상이 되는 특징을 갖는데 이를 증권이
갖고 있는 양면성이라고 할 수 있다.

| 주식을 구입하기 |

일반 투자자들이 주식을 구입하면 주주로서의 법적 지위를 갖게 된다.
주주가 되면 경영의결권, 이익배당청구권, 신주인수권, 회사해산시 잔여
재산 분배청구권 등의 권리를 갖는다.

그리고 주식을 구입한 후 예상되는 수익은 보유기간 동안의 배당수익과
처분시점의 처분가격이 된다. 그러나 이러한 배당수익과 처분가격은 경

기상황에 따라서 변동될 수 있는 불확실한 금액이다.

이러한 주식은 보통주, 우선주로 구분되는데 우선주는 대체로 보통주보다 높은 배당을 받지만 의결권이 없는 경우가 많다.

| 채권을 구입하기 |

한편 채권을 구입한 투자자는 채권자로서의 법적 지위를 가지며 채권발행주체에 대해서 이자지급 및 원금상환청구권 등을 갖는다.

따라서 채권을 구입한 후 만기까지 보유할 때 예상되는 수익은 일정시점마다 받게 되는 이자수익과 만기시점에 상환받는 액면금액이 된다. 채권을 구입하여 얻게 되는 이러한 이자수익과 만기상환액은 주식의 경우와는 달리 그 금액이 확정되어 있는 것이기 때문에 주식보다는 안정적이라고 할 수 있다.

이러한 채권은 발행자가 누구냐에 따라서 기업이 발행한 회사채, 정부 및 지방자치단체가 발행한 국공채, 금융기관이 발행한 금융채, 특수법인이 발행한 특수채 등으로 구분된다. 그리고 회사채는 이자 및 원금지급에 대해서 금융기관이 보증한 경우 보증사채, 그렇지 않은 경우에는 무보증사채라고 구분하는데 우리나라에서는 보증사채가 일반적이다.

왕초보 주식투자 시크릿

자금조달수단으로 본 증권

주식으로 조달한 자금에 대해서는
불황으로 기업의 수익이 악화될 때
배당을 하지 않아도 되는 이점이 있다.

기업이 경영활동을 수행하면서 필요로 하는 자금은 크게 설비자금과 운영자금으로 구분된다. 설비자금이란 공장을 건설하거나 기계설비를 구입하는 데에 소요되는 장기적인 자금을 말하고, 운영자금이란 원료를 구입하거나 임금을 지급하는 데에 소요되는 단기적인 자금을 말한다.

| 기업의 자금조달유형 |

이러한 자금을 조달할 수 있는 방법은 크게 두 가지로 구분할 수 있다.

첫 번째 방법은 이익의 일부를 배당하지 않고 사내에 유보시켰다가 이를 사용하는 내부조달방법이다. 그리고 또다른 방법은 금융기관으로부터의 차입금이나 증권시장에서의 주식 및 사채발행을 통한 외부조달방법이다. 그런데 기업규모가 커지면 필요자금을 내부조달만으로 충당할 수 없기 때문에 의존하지 않을 수 없게 된다.

　기업이 필요자금을 외부에서 조달하는 방식 중에서도 증권시장에서 주식이나 사채를 발행하여 일반 투자자로부터 필요자금을 조달하는 방식을 직접금융이라고 하며, 은행이나 제2금융권 등 금융기관으로부터 장단기 차입금을 조달하는 방식을 간접금융이라고 한다.

　우리나라 기업의 자금조달 추이를 살펴볼 때 1980년대까지는 대부분의 필요자금을 차입금에 의존하여 전체조달규모 중에서 직접금융이 차지하는 비율이 20% 수준에 불과하였으나 1990년대 이후부터는 증권시장의 급신장에 힘입어 직접금융이 차지하는 비율이 40~50%를 상회하고 있다.

왕초보 주식투자 시크릿

| 증권을 발행으로 자금 조달 |

　기업이 금융기관으로부터 차입금으로 자금을 조달하게 되면 매번 일정한 시점마다 이자를 지급하고 만기에는 원금을 상환해야만 한다. 그러다 보면 불경기에 영업실적이 부진하면 기업은 크게 자금부담을 지고 도산하기도 한다.

　한편, 증권을 발행하여 증권시장에서 조달되는 자금은 일반적으로 장기적이고 안정적인 자금이기 때문에 설비자금을 도달하는데 적당하다. 특히 주식으로 조달한 자금에 대해서는 불황으로 기업의 수익이 악화된 경우 낮은 배당을 하거나 배당을 하지 않아도 되기 때문에 기업의 경기대응 능력을 높여서 경영을 안정시키고 체질을 강화하는 데 도움이 된다.

증권시장
자산 운용의 장소

증권시장의 기능으로 기업의 입장에서는
자본의 조달창구가 되고, 투자자 입장에서는
자산운용의 장소가 된다.

증권이 발행되고 거래되는 시장을 증권시장이라고 한다. 증권시장은 여러 면에서 국가경제 발전에 매우 중요한 역할을 담당한다. 증권시장의 경제적 기능은 크게 다음과 같이 네 가지로 요약할 수 있다.

| 기업 입장 |

기업의 입장에서 보면 증권시장은 산업자본의 조달창구가 된다. 일반적으로 경제성장에 따라서 기업도 대규모화되기 때문에 기업이 필요로 하는 자금규모도 거대화된다. 이러한 자금을 조달하기 위해서 기업이 증권을 발행하고 일반투자자들이 이를 매입하게 되면 개인들이 갖고 있는 소액의 여유자금들이 모여서 기업으로 유입되는 것이다. 이렇게 유입된 자금은 대규모 산업자본을 형성하여 기업활동의 원동력이 된다.

| 투자자의 입장 |

일반투자자의 입장에서 보면 증권시장은 자산운용의 장소가 된다. 기업이 발행하는 주식이나 채권은 일반투자자들이 여유자금을 활용해서 재산을 증식시킬 수 있는 유용한 수단이 된다. 그리고 투자자들은 증권을 사고팔면서 재산을 늘릴 수 있을 뿐만 아니라 이러한 과정을 통해서 경기변동에 관심을 갖고 경제 흐름을 깊이 있게 이해할 수 있게 되는 것이다.

| 정부의 입장 |

정부 입장에서 보면 증권시장은 정부의 재정정책이나 금융정책을 실현하는 수단이 된다. 정부는 재정증권을 발행하거나 상환함으로써 정책수행에 필요한 자금을 조달하거나 운용할 수 있다. 그리고 중앙은행은 증권시장을 통한 공개시장조작으로 금융정책을 수행할 수 있다. 예를 들어서 시중 통화량이 지나치게 많다고 판단되면 재정증권을 발행하여 통화량을 감소시키고 시중 통화량이 적다고 판단되면 증권시장에서 유통되고 있는 증권을 중앙은행이 매입함으로써 통화량을 증대시킬 수도 있다.

| 소득분배측면 |

끝으로, 증권시장은 소득의 분배기능을 갖는다. 만약 주식이 골고루 분

산되어 있다면 기업이 벌어들인 이익도 배당금이나 주가 상승을 통해서 여러 투자자들에게 골고루 나누어지게 될 것이기 때문이다. 그러나 이익은 이렇게 분배되지만 이익을 창출하는 자본은 한 곳으로 집중되는 폐해가 나타날 수도 있다.

투자자에게 매각되는
발행시장

발행시장이란 증권이 처음으로 발행되어
최초에 투자자에게 매각되는 시장을 말한다.

증권시장은 거래대상의 종류에 따라서 주식시장과 채권시장 등으로 구분하기도 한다. 그러나 증권시장의 기능적 측면에서 보면 발행시장과 유통시장으로 구분된다. 여기서 발행시장이란 증권이 처음으로 발행되어 최초의 투자자에게 매각되는 시장을 말한다. 그래서 이를 1차적 시장이라고도 하는데 이 시장은 매매시설을 갖춘 구체적 시장이 아니고 증권이 발행되면서 최초의 투자자 손에 들어갈 때까지의 과정을 지칭하는 추상적 시장이다.

| 증권을 발행하는 방법 |

기업, 국가, 공공단체 등이 자금이 필요하여 증권시장에서 증권을 발행할 때, 이들을 증권발행주체라고 한다. 증권발행주체가 증권을 발행하여 매각하는 과정을 자신이 직접 수행하는 경우를 직접발행 또는 자기모집이라고 한다. 그러나 그 업무절차가 복잡하기 때문에 대개 전문적인 지식과 조직을 갖추고 있는 대행기관이 개입하여 이를 대행한다. 이러한 업무를 대행하는 기관을 발행시장에서는 발행기관이라고 하는데 대표적으로 증권회사, 은행, 투자신탁회사, 종합금융회사 등이 있다. 이처럼 발행기관이 개입하여 증권을 발행하는 것을 간접발행 또는 위탁모집이라고 한다.

| 간접발행 |

증권을 간접발행하는 경우 발행기관이 증권을 인수하는 범위에 따라서 총액인수, 잔액인수, 모집주선으로 구분된다.

총액인수란 발행증권 전부를 발행기간이 사들이고 자기책임하에서 투자자에게 매각하는 것을 말한다. 잔액인수는 발행증권을 먼저 투자자에게 매각하고 난 후에 매각되지 않고 남은 잔여분을 발행기관이 사들이는 것이다. 그리고 모집주선이란 발행기관이 일정수수료만 받고 발행사무만을 대행해 주는 것을 말한다.

우리나라에서는 종전에는 잔액인수체제를 채택하였으나 1974년부터 총액인수체제로 전환되었다. 기업이 발행한 증권이 제때에 매각되지 않으면 소요자금을 필요시점에 필요한 만큼 조달하지 못하게 되어 어려움을 겪을 수 있는데 총액인수체제에서는 일반 발행기관이 발행증권 전부를 사주기 때문에 기업의 입장에서는 이러한 부담을 덜 수 있는 장점이 있다.

| 공모와 사모 |

한편 증권시장에서 증권을 발행할 때에 투자자를 모집하는 방법은 두 가지로 구분된다. 즉, 일반대중을 대상으로 공개적으로 투자자를 모집하는 공모발행과, 특정한 연고자나 거래금융기관을 대상으로 발행하는 사모발행이 있는데 간접발행의 경우에는 공모발행이, 직접발행의 경우에는 사모발행이 주로 이용된다.

주식 · 이왕이면 제대로 배우자

2차적 시장, 유통시장

유통시장은 유동성을 보장해 주고, 증권가격의
공정한 가치를 판단하는 기준을 제공하고,
새로운 증권의 가격을 결정한다.

유통시장이란 이미 발행된 증권이 투자자들 사이에서 매매되는 시장을 말한다. 즉, 유통시장이란 투자자가 소유하고 있는 증권을 매각하여 투자자금을 회수하거나 이미 발행된 증권을 취득함으로써 금융자산을 운용하는 시장이다. 이처럼 유통시장은 이미 발행된 증권을 전제로 형성되기 때문에 2차적 시장이라고도 한다.

| 증권거래소 |

유통시장은 거래대상에 따라서 주식유통시장과 채권유통시장으로 구분하기도 하지만 그 기본적 구조는 증권거래소시장과 장외시장의 두 시장조직으로 형성된다. 장외시장은 뒤에서 설명하기로 하고 먼저 증권거래소시장을 살펴본다.

증권거래소는 일정한 장소에서 시설을 갖추고 계속적이고 조직적인 거래가 이루어지는 곳을 말한다. 여기서는 상장증권만을 거래한다. 그리고 그 거래도 정해진 규칙에 따라서 일정한 방법으로 이루어진다. 현실적으로 유통시장에서 투자자 상호간의 매매거래는 직접 사고 파는 것이 아니라 증권회사의 중개에 의해 거래가 성립된다. 그래서 투자자들은 증권회사에 매매를 의뢰하고 증권회사는 그 주문에 따라서 증권거래소를 통해 매매를 체결해 주는 대신 그 대가로 수수료를 받는 것이다.

종전에는 증권거래소시장이 곧 유통시장을 대표하는 시장이었으나, 1996년 7월에 장외시장으로 코스닥시장이 개설되면서 유통시장의 구조가 크게 양분되었다. 또한, 2000년 3월에는 제3시장도 개설되었는데 이로 인해서 유통시장은 매우 다양한 형태를 갖게 되었다.

| 유통시장은 어떤 기능을 갖는가 |

유통시장은 발행시장과 밀접한 관계를 가지면서 다음과 같은 중요한 기능을 갖고 있다.

첫째, 유통시장은 계속적으로 형성되어 있기 때문에 증권의 환금성, 즉 유동성을 보장해 주어 일반 투자자의 투자를 촉진시킨다.

둘째, 유통시장은 많은 투자자가 참여하는 경쟁시장이기 때문에 여기서 형성되는 증권가격은 공정한 가치를 판단할 수 있는 기준이 된다.

셋째, 유통시장의 증권가격은 앞으로 발행할 새로운 증권의 가격을 결정하는 역할을 하기 때문에 자원의 효율적 배분을 가능케 한다.

증권이 거래되는 상장

상장회사가 되려면 증권거래소가 규정한
심사요건을 충족해야만 한다. 증권회사는
발행회사의 안전성, 성장성, 공익성, 분산성,
시장성 등을 분석하여 판단한다.

상장이란 증권거래소에서 특정 증권이 거래될 수 있도록 하는 절차를 말한다. 이러한 절차를 거쳐서 증권거래소에서 거래되는 증권을 상장증권이라고 한다. 특히 발행주식이 상장된 회사는 상장회사라고 하고 상장되지 않은 회사는 비상장회사라고 한다.

상장회사는 기업의 신뢰성이 높아서 거래대상이 될 수 있다고 증권거래소가 판단하고 승인한 회사이므로, 상장하기 위해서는 주식을 공개하여 일정한 기준을 갖춘 다음 증권거래소의 엄격한 심사를 거쳐야만 한다.

| 상장회사의 조건 |

상장회사가 되려면 증권거래소가 규정한 심사요건을 충족해야만 한다. 심사요건은 대체로 당해 증권이 공정한 가격을 형성할 수 있는가, 원활한 유통 및 투자자 보호에 공헌할 수 있는가에 중점을 두고 발행회사의 안정성, 성장성, 공익성, 분산성, 시장성 등을 분석하여 판단하게 된다.

구체적으로는 설립 후 경과년수, 자본금규모, 발행주식수, 매출액, 재무내용 등에 대해서 일정한 기준을 설정하고 있어서 이러한 기준을 충족해야 상장될 수 있는 것이다.

| 상장종목의 분류 |

매우 많은 주식회사들 중에서 2011년 4월 현재 주식이 증권거래소에 상장된 회사는 1천 200개도 넘는다. 그만큼 상장요건이 완화되었다는 것을 의미하는 것이다. 일단 상장요건을 충족하고 증권거래소의 심사를 통과하면 증권거래소에 상장된다.

종전에는 증권거래소시장을 1부시장과 2부시장으로 구분해서 비교적 영업실적이 좋은 회사의 주식을 1부 종목으로, 이제 막 상장하였거나 영업실적이 좋지 못한 회사는 2부 종목으로 구분하였다.

그러나 2000년 5월부터는 이러한 구분제도를 폐지하고 통합해서 관리하고 있다. 그래서 종전에는 1부, 2부, 관리대상, 증권투자회사로 분류되던 체계가 이제는 일반, 관리대상, 증권투자회사의 분류체계로 단순화되었다.

왕초보 주식투자 시크릿

| 상장의 유리한 조건 |

대체로 기업들은 상장하고 싶어 한다. 그 이유는 상장을 하게 되면 대외적 신용도가 높아져서 자금을 쉽게 조달할 수 있고 유능한 인력도 확보하기가 용이하기 때문이다.

그러나 반대로 이해관계자가 많아져서 사회적 책임이 증가하고 외부자로부터 경영권을 공격받을 수도 있다. 뿐만 아니라 회사의 정보를 의무적으로 공개해야 하기 때문에 사무량이 증가하는 단점도 있다.

비상장 증권이 거래되는 장외시장

장외시장의 특성으로는 비조직적 시장이며,
당사자 사이에 직접 거래가 이루어지며,
거래 대상에 제한이 없으므로 거래종목이 다양하다.

장외시장이란 증권거래소시장 이외의 장소에서 증권거래가 이루어지는 시장을 총칭해서 말하는 것이다. 즉, 그 특성상 증권거래소에서 거래될 수 없는 증권들이 주로 장외시장에서 거래된다. 구체적으로는 증권거래소에 상장되어 있지 않은 비상장증권이 주로 거래되며 상장주식이라도 단주도 장외시장에서 거래된다.

| 장외시장의 특징 |

장외거래는 대체로 증권회사의 카운터에서 이루어진다고 해서 장외시장을 OTC라고도 하는데, 그 시장의 성격이 원래 자연발생적인 시장이기 때문에 정형화된 거래원칙도 없고 일정한 조직을 갖고 있지도 않았다. 그래서 장외시장은 다음과 같은 특징을 갖는다.

첫째, 일정한 조직이 없는 비조직적 시장이다.

둘째, 매매방식이 당사자의 직접협상에 의해 이루어지는 상대매매이다. 따라서 일정한 시점에서 이루어지는 동일한 증권에 대해서도 여러 수준의 가격이 형성될 수 있다.

셋째, 거래대상에 제한이 없기 때문에 거래종목이 다양하다.

넷째, 거래소시장을 보완 또는 견제하는 기능을 갖는다.

주식, 이왕이면 제대로 배우자

증권매매의 중심, 증권거래소

증권거래소는 유가증권시장의 개설업무, 유가증권의
경매업무, 유가증권시장의 개선을 위한 부대업무를
수행한다.

증권거래소는 증권을 사고 팔려는 사람들이 일정한 시간에 모여서 거래할 수 있도록 장소와 시설이 갖춰져 있는 곳이다. 한국증권거래소도 이러한 목적으로 1956년에 설립되었다. 설립당시에는 상장주식이 12개뿐이었으며 주로 국공채 매매 중심으로 이루어졌다. 증권거래소는 업무의 전산화 및 현대화를 추진하면서 1979년에는 여의도로 이전하였다.

2011년 4월 현재 1,200개가 조금 넘는 종목들이 거래되고 있으며 모든 거래를 전산으로 처리하고 있다.

| 증권거래소 운영 |

우리나라의 증권거래소는 설립초기에 주식회사형태를 취한 적도 있었지만 현재 증권거래소는 증권회사들을 회원으로 하는 회원제 조직형태를 취하고 있다. 그래서 증권거래는 회원으로 등록된 증권회사만이 할 수 있다. 따라서 일반 투자자들은 증권회사에 거래주문을 내고 증권회사는 주문내용에 따라서 거래를 대신 해주는 것이다.

| 증권거래소의 역할 |

증권거래소는 유가증권시장의 개설업무, 유가증권의 경매업무, 유가증권시장의 개설에 수반되는 부대업무 등을 수행한다. 이러한 내용을 중요한 업무별로 구분해서 상장심사, 매매거래의 관리, 기업공시 등을 살펴보자.

어떤 유가증권이 증권거래소에서 거래될 수 있는 자격을 갖게 되는 것을 상장이라고 한다. 그런데 아무 증권이나 증권거래소에 거래된다면 실적이 나쁜 회사의 증권에 투자하는 사람들은 큰 손실을 입을 수 있다. 그래서 증권거래소는 엄격한 심사를 통해 일정한 요건을 갖춘 주식만을 거래소에 상장시켜서 이들만이 거래되도록 한다.

또한 증권거래소는 일정한 원칙에 따라서 회원들간의 매매체결을 중개하고 급격한 주가변동에 따른 투자손실을 막기 위해서 가격제한폭을 설정해서 운용한다. 그리고 증권거래소는 기업이 크게 부실해져 영업이 정지되거나 부도가 발생하면 해당 주식을 관리종목으로 지정하고 주가와 거래량이 단기간에 급격히 변동하면 해당주식을 감리종목으로 지정해서 투자자들의 주의를 환기시킨다.

이외에도 증권가격에 영향을 미칠 수 있는 기업내용을 공시하고 증권시장에 떠도는 루머에 대해서는 해당기업에 그 내용을 확인하여 공시하는 역할도 담당한다.

증권시장을 구성하는 기관, 증권회사

증권회사는 주로 주식 매매를 취급하지만 그 외에도
다양한 업무와 수많은 금융상품을 수행하기 때문에
투자백화점이라 부른다.

증권회사는 증권거래법 제28조에 의거하여 재정경제부장권의 허가를 받아서 증권업을 주업무로 영위하는 주식회사를 말한다.

증권회사는 증권거래소와 함께 증권시장을 구성하는 중추적인 기관이라고 할 수 있다. 증권회사는 주로 주식매매를 수행하지만 그 외에도 다양한 업무와 수많은 금융상품을 취급하기 때문에 투자백화점이라고 부를 수 있다.

증권거래법에서는 증권회사가 수행하는 증권업을 다음과 같은 일곱 가지의 영업행위로 규정하고 있다.

① 유가증권의 매매

② 유가증권의 위탁매매

③ 유가증권매매의 중개 또는 대리

④ 유가증권시장에서 매매거래에 관한 위탁의 중개, 주선 또는 대리

⑤ 유가증권의 인수

⑥ 유가증권의 매출

⑦ 유가증권의 모집 또는 매출의 주선

| 기본적 업무 |

증권회사가 수행하는 업무는 크게 기본적 업무, 부수적 업무, 겸업업무의 세 가지로 나눌 수 있다. 이 중 기본적 업무는 증권회사의 고유업무로서 위탁매매업무, 자기매매업무, 인수주선업무를 말한다.

증권거래소에서는 회원으로 등록된 증권회사만이 거래를 할 수 있기 때문에 일반투자자는 증권회사를 통해서만 증권을 사고 팔 수 있다. 증권회사가 고객의 주문을 받아서 주문내용에 따라서 매매를 대신해 주는 업무를 위탁매매업무, 또는 브로커업무라고 하는데 증권회사는 이러한 업무를 수행하는 대가로 고객으로부터 위탁수수료를 받는다.

자기매매업무란 증권회사가 자기자금으로 직접 증권을 사고 파는 행위를 말하는데 이를 딜러업무라고도 한다. 위탁매매의 경우에는 매매차익이 고객의 것이 되지만 자기매매의 경우 매매차익은 모두 증권회사의 것이 된다.

인수주선업무는 기업이 증권을 발행할 때에 투자자에게 다시 팔 목적으로 발행증권을 사들이는 인수업무와 이미 발행된 증권을 매출하거나 새로 발행되는 증권에 대한 투자자를 모집하는 행위를 포함한다.

| 이차적 업무 |

증권회사의 부수적 업무는 세 가지 기본적 업무와 관련해서 부수적으로 수행하게 되는 업무를 말한다. 신용공여업무, 증권저축업무 등이 대표적인 부수적 업무이다.

신용공여란 주로 투자자에게 증권매입자금을 빌려주거나 또는 증권현물을 빌려주는 신용거래를 말한다. 자금을 빌려주는 것은 신용융자라고 하며 증권현물을 빌려주는 것을 대주라고 한다.

증권저축은 증권회사가 소액투자자들로부터 매월 일정금액을 받아서 이에 해당하는 증권을 매입해 가는 저축제도를 말한다. 이에 가입한 투자자는 공모주식의 일정비율을 우선적으로 배정받고 특히 근로자증권저축의 경우에는 세제상의 혜택도 받을 수 있다.

이외에도 해외에 증권을 발행하는 국제적 업무도 수행하고 합병시장에서는 기업을 평가하고 인수를 중개하는 업무를 수행하기도 한다.

증권회사는 원칙적으로 증권업 외의 다른 업무를 수행할 수 없다. 만약 이외의 업무를 수행하려면 일반투자자의 이익을 해칠 가능성이 없는 업무로서 재정경제부장권의 별도 인가를 받아야 한다.

현재 증권회사가 수행하는 겸업업무는 대체로 양도성예금증서와 신종기업어음의 매매업무, 회사채지급보증업무, 주식지분평가업무 등이 있다.

| 증권회사에 대한 규제 |

증권회사는 금융중개기관이기 때문에 많은 이해관계자를 갖는다. 따라서 이들의 이해관계를 공정하게 조정하고 운용해야 할 책임과 의무가 있으므로 일반 사기업과는 달리 여러 형태의 규제를 받게 된다. 규제의 내용은 다음과 같이 업무에 관한 규제, 재무상태에 관한 규제, 임직원에 관한 규제로 구분된다.

첫째, 업무에 관한 규제에서는 고객의 이익을 해치지 않도록 거래주문에 대해서는 거래종류를 명확히 해야 한다. 그리고 특별한 경우가 아니면 동일한 매매에서 증권회사는 거래의 본인이 됨과 동시에 상대방이 되지 못하도록 하고 있으며 과도한 경쟁으로 공정거래에 해를 끼쳐도 안 된다.

둘째, 증권회사는 최저 500억 원의 자본금으로 설립되며 설립된 이후에도 재무의 건전성을 유지하기 위해서 영업용 순자본을 일정수준 이상이 되도록 해야 한다. 이때 영업용 순자본이란 자산총액에서 부채총액과 고정자산가액을 차감한 금액을 말한다. 그리고 과도한 부채로 재무구조가 악화되는 것을 막기 위해서 부채비율은 일정수준 이하가 되도록 하고 유가증권거래에서 발생하는 손실을 보전할 목적으로 증권거래준비금을 적립하여야 한다.

셋째, 임직원에 대한 규제로 증권회사 임직원은 누구 명의로 하든지 본인계산으로 유가증권거래를 할 수 없도록 하고 있다. 그리고 임원은 전문적 경험과 지식을 갖춘 사람으로 제한하고 있으며 이들은 다른 회사의 일상적 업무에 종사하는 직책을 겸하지 못한다. 뿐만 아니라 증권회사 임직원은 원칙적으로 고객의 거래내용에 대해서 다른 사람에게 정보를 제공하거나 누설해서도 안 된다.

전문적인 투자대행기관,
투자신탁회사

투자신탁은 특정 기업의 지배나 경영에 참여하지 않고
배당, 시세차익, 이자소득 등 수익성을 목표로 투자업무를
수행한다.

투자신탁이란 자신이 직접 증권에 투자할 전문지식과 시간적 여유가 없

거나 자금규모가 영세해서 원하는 형태의 투자활동을 할 수 없는 일반투

자자들로부터 자금을 모아서, 전문적인 투자대행기관이 이러한 투자자들

을 대신해서 여러 증권에 분산투자하고 여기에서 발생한 수익을 투자자

들에게 분배해 주는 제도를 말한다. 그리고 이러한 기능을 수행하는 회사

를 투자신탁회사라고 하는데 우리나라에서는 한국투자신탁, 대한투자신

탁 등이 대표적인 투자신탁회사라고 할 수 있다.

| 투자신탁의 특징 |

첫째, 투자신탁은 특정기업의 지배나 경영참여를 목적으로 하지 않고

단순히 배당, 시세차익 또는 이자소득 등 수익성을 목표로 투자업무를 수

행한다.

둘째, 투자신탁은 손실위험을 최소화하기 위해서 분산투자를 원칙으로 한다. 경우에 따라서는 해외증권에도 투자하여 국제적 분산투자를 수행하기도 한다.

셋째, 투자신탁은 전문적인 분석업무로 일반투자자를 대신해서 투자업무를 대행하는 것이기 때문에 투자신탁을 통한 투자는 간접투자형태이고 투자신탁회사는 이에 대한 대가로 일정한 수수료를 받는다.

넷째, 이러한 투자신탁기능을 담당하는 투자신탁회사는 기관투자가로서 증권의 물량조정과 가격조정기능을 통해서 증권시장의 안정적 성장에 기여한다. 우리나라에서도 은행저축이나 제2금융저축에 비해서 투자신탁이 상대적으로 높은 수익성을 올리고 있기 때문에 투자자들의 이용도가 높은 편이다.

| 계약형 투자신탁 |

투자신탁은 이해당사자들 간의 법률관계에 따라서 계약형 투자신탁과 회사형 투자신탁으로 구분된다.

계약형 투자신탁은 영국에서 발전되어 우리나라와 일본에서 채택되고 있는 형태인데 위탁자, 수탁자, 수익자의 세 당사자간의 신탁계약으로 이루어진다.

여기서 투자신탁회사가 위탁자가 되고 고객은 수익자의 위치에 있게 된다. 투자신탁회사는 고객의 영세자금을 모아서 펀드를 구성하고 이에 대한 권리로서 수익증권을 고객에게 지급한다. 그리고 높은 수익성을 목표로 이 펀드를 운용하게 되는데 운용에 관한 의사결정을 수행하고 그 내용을 수탁자에게 지시하게 된다. 수탁자는 투자신탁회사의 지시에 따라 증권매매에 따른 결제업무를 대행하고 이에 대한 수수료를 받는다. 종전에는 서울신탁은행만이 수탁기능을 수행하였으나 현재는 일반은행들도 이러한 기능을 수행하고 있다.

계약형 투자신탁은 다시 기금형과 단위형으로 구분되는데 기금형은 펀드를 설립한 후 수익증권의 매출이 설정한도를 초과하는 경우 원본의 추가설정이 가능한 것이기 때문에 추가형이라고도 한다. 한편, 단위형은 펀드설정시 설정한도와 신탁기간을 정하고 그 한도를 초과해서는 추가설정이 불가능한 것이다.

우리나라에서는 이 두 가지 형태의 계약형 투자신탁이 모두 운용되고 있다.

| 회사형 투자신탁 |

회사형 투자신탁은 주로 미국에서 발달된 제도인데 이것은 증권투자를 목적으로 주식회사를 설립하고 이 회사를 통해서 투자업무를 수행하는 형태의 투자신탁을 말한다. 따라서 일반투자자들은 투자신탁회사의 주식을 취득하고 이 회사의 주주가 되는 것이며 투자수익도 배당형태로 받게 된다. 회사형 투자신탁은 투자자가 어떤 방법으로 투자원금을 회수하느냐에 따라서 개방형과 폐쇄형으로 구분되는데 개방형에서는 투자자가 직접 회사에 주식을 매각하여 투자원금을 회수할 수 있는 형태이다. 그리고 폐쇄형은 투자신탁회사의 주식이 증권회사에 상장되어 있기 때문에 투자자가 개별적으로 증권시장에 매각하여 투자원금을 회수하는 형태이다.

| 뮤추얼펀드 |

IMF 위기로 한국증시가 크게 침체된 이후 우리나라에 투자하는 외국자금으로 뮤추얼펀드라는 용어를 종종 듣는다. 뮤추얼펀드는 미국의 회사형 투자신탁 중 개방형을 말한다. 이는 비슷한 투자목적을 가진 사람들로부터 투자기금을 조성하여 그 자금을 증권에 투자하는 투자회사로서 투자자의 요구에 따라서 언제나 환매가 가능하다. 그리고 수요가 늘어날 때에는 언제든지 추가발행도 가능하다. 사실 뮤추얼펀드는 회사형의 투

주식·이왕이면 제대로 배우자

자신탁이라는 것만 제외하고는 실제 우리나라의 계약형과 크게 다를 게

없다.

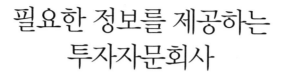

필요한 정보를 제공하는
투자자문회사

투자자문회사는 투자정보를 간행물로 발간하여 회원들에게
제공해주며, 고객에게 유가증권 상담과 포트폴리오 구성 및
운용에 대해서 상담해 준다.

투자자문회사란 주식, 채권 등의 유가증권의 투자에 필요한 정보를 고객에게 제공해주고 보수를 받는 회사를 말한다. 간단히 말하면 자산운용의 조언자라고 할 수 있다.

투자자문업은 우리나라에서는 아직 생소한 업종이지만 금융선진국이라고 할 수 있는 영국, 미국 등에서는 오래전에 자리잡은 업종으로, 이웃 일본에서도 1970년대부터 도입되었다. 우리나라에서도 국민소득의 증대와 함께 여러 형태의 금융자산이 등장하면서 유가증권에 대한 수요가 확대되었다. 이에 따라 정부는 투자자문제도를 도입하였다. 현재 우리나라에서는 투자자문회사들이 주로 증권회사, 은행 등 금융기관의 자회사 형태로 운영되고 있지만 개인들이 독립하여 설립하는 별도의 주식회사가 늘고 있는 추세이다.

현재 우리나라의 투자자문회사가 수행하는 업무는 크게 다음과 같이 두 가지로 나눌 수 있다.

첫째, 투자정보를 간행물로 발간해서 회원들에게 제공하는 것이다. 회원들은 일정한 수수료를 내고 그 간행물에 제시된 자료를 토대로 투자결정을 하는 것으로서 초보적인 자문형태이다.

둘째, 고객에 대해서 유가증권상담은 물론이고, 포트폴리오 구성 및 운용에 대해서 조언하는 것이다. 그러나 여기서도 최종투자 결정은 고객의 자기판단과 책임하에서 이루어진다. 투자자문회사는 그 대가로 자문수수료를 받는데 수수료는 투자자자산의 종류, 즉 주식형, 채권형에 따라서 또는 투자규모에 따라서 차이가 있지만 연간 0.3~1.0 % 정도이다.

| 투자일임업무 |

외국의 투자자문회사들은 현재 우리나라의 투자자문회사들이 수행하는 투자조언업무 이외에도 투자일임업무를 하고 있다. 투자일임업무란 고객으로부터 자산운용에 관한 모든 결정을 위임받아서 투자자문회사가 마음대로 투자할 수 있는 업무를 말하는데 가장 진보적인 형태의 투자서비스라고 할 수 있다.

그런데 우리나라에서는 투자일임업무가 법적으로 금지되어 있다. 아직은 미성숙된 증시여건을 고려해서 선의의 피해자를 막기 위한 목적이지만 현실적으로 자본시장이 개방되어 외국의 투자자문회사들이 들어오게 되면 투자일임업무의 허용은 불가피할 것으로 보인다.

주식, 이왕이면 제대로 배우자

5

부자마인드로 원칙을 지킨다

지켜야 할 매매의 원칙

자신의 매매 패턴과 투자 금액, 투자목적, 그리고 매매성향
등에 가장 알맞은 방법을 택하여 매매해야 성공률이 높다.

| 당일 포지션은 당일 종료한다 |

보통 데일트레이딩은 당일 사서 당일 파는 것을 원칙으로 한다. 그 이유
는 요즘같이 한치 앞도 볼 수 없는 시장과 그 하루 변동폭이 크게 움직여
장기투자가 너무 위험하다는 이유 때문이다.

특히 돌발 악재로 인한 보유 주식의 폭락에 대한 위험회피 방법은 주식
을 보유한 채 하루를 넘기지 않고 장 종료전에 모두 팔아 어떠한 폭락이나
악재에도 손해를 입지 않는 방법이다. 예외적으로 오버나잇 등의 방법이
있다.

| 자신만의 매매기법을 가진다 |

주식투자의 여러 가지 방법 중 남이 하는 방법을 따라한다고 해도 현실

의 상황은 항상 변하므로 남과 동일한 수익이 난다는 보장은 없을 뿐만 아니라, 오히려 큰 손실이 발생할 수도 있다.

자신의 매매패턴과 투자금액, 투자의도, 매매성향 등에 가장 알맞은 방법을 택해서 매매해야 성공률이 높다.

| 기회를 억지로 만들려 하지 않는다 |

억지로 기회를 만들려고 하면 무리가 따르며, 오히려 큰 손실로 귀착될 수 있다. 주식 거래를 하다 보면 자신의 의도대로 주가가 움직이지 않을 경우가 많다. 따라서 시장의 흐름에 순응해서 매매를 해야 무리가 없다.

기회를 억지로 만들려면 실제로 기회가 왔을 때는 오히려 그 기회를 살리지 못하는 경우가 많다. 예를 들어, 주식시장이 약세일 때 일부 주식을 매수하며 향후 하락시 추가 매수하려는 계획을 세웠다고 하자, 실제로 주가가 하락하여 자신이 원하는 가격에 모두 샀다고 한다면 향후 주가가 상승해 준다면 다행이겠으나 추가 하락한다면 더욱 손실이 커질 수도 있다. 이렇게 추가 하락한 것이 그때부터는 하강경직성을 보이며 전저점 근처에서 지지해 준다면 이때부터는 정말 더 이상 하락하지 않으리라는 확신과 함께 상승하리라는 전망을 할 수 있게 된다. 문제는 이때부터 분할 매수의 기회인데도 불구하고 오히려 미수분에 대한 매도시기가 임박하여 결국 오르기 시작할 때 매도해야 하는 상황에 접하는 결과가 된다.

"주가를 미리 예측하지 말라"는 말이 있다. 이러한 실패한 매매를 하게 되는 주된 이유는 시장의 흐름에 대응하지 않고 주가를 미리 예측하여 억지로 기회를 만들려고 하였기 때문이다.

| 쉴 줄도 안다 |

하루종일 시세판을 보고 있어도 수익을 낼 수 없는 경우가 많다.

하루의 일과에서 보통 1/3을 일하고, 1/3을 쉬고, 1/3을 잠자는 것과 같이 주식매매에서도 '매수-매도-휴식'의 세 과정의 리듬을 타서 하는 것이 가장 중요하다.

쉬지 않고 바로 주식에 매달린다고 해서 수익을 얻는 것은 절대 아니다. 오히려 그 전의 수익을 날려버리는 경우도 많다.

부자마인드로 원칙을 지킨다

투자할 때의 심리법칙

자신의 잘못된 판단이나 실수로 매매한 종목에 대해서는
겸손하게 자신의 잘못을 인정하고 빨리 대처하는 것이
손실을 최소화하는 방법이다.

| 평정심을 유지한다 |

주식시장에서 가장 무서운 적은 바로 자기 자신이다. 즉 자기 자신의 마음을 이기는 것이다.

주식시장은 고도의 심리전이 보이지 않게 펼쳐지는 곳이며, 항상 평정심을 유지하는 것이 무엇보다 중요하다.

주식시장에서 내가 보유한 주식이 급락할 경우, 누구나 당황하며 실망과 함께 두려움이 생기는 것은 당연하다. 또한 반대로 급등하게 되면 흥분하게 되어 더 많은 수익을 낼 수 있다는 기대감이 커져 장밋빛 꿈을 갖게 되는 것이다.

그러나 "주식매수 후 매수가격은 잊어버려라"는 주식격언과 같이 주가 급락시 침착하게 자신이 정한 손절매 한도까지 내려온 주식은 원칙대로 매도하고, 주가가 최대한 조정을 받은 후 다시 상승하기 시작할 때 매수해도 수익의 기회는 얼마든지 있다. 또한 급등시에도 흥분과 탐욕을 버리고 거의 최고점에 왔다고 생각되는 시점에서 팔고 나와야 수익을 구체화 할 수 있다.

"산이 높으면 골이 깊다"는 또 다른 주식격언과 같이 급등한 종목은 거의 대부분 급락하기 마련이다.

주식은 단기적으로는 한쪽으로의 방향성을 잡게 되면 계속 그 방향으로 가려는 속성이 있다.

중장기적으로는 주가가 상승하여 너도나도 주식투자에 뛰어들 때쯤이면 그때부터 주가는 떨어지기 시작하고 폭락한다. 모든 투자자들이 실패의 쓴맛을 보며 주식시장을 떠날 때, 주가는 슬그머니 오르기 시작한다.

또한 "시장분위기에 도취되지 말라"는 주식격언같이 주가가 한없이 오를 것 같다가도 본인이 사게 되면 그때부터 하락하는 경우를 주식에 투자해 본 사람은 누구나 한두 번쯤은 경험하였을 것이다.

| 시장에 맞서지 않는다 |

주식시장을 움직이는 거대한 공룡과 같은 세력은 세 부류가 있는데 기관, 외국인, 큰손이 바로 그들이다.

내가 가지고 있는 주식의 가격이 하락한다고 해서 내 돈으로 하락하는 주식을 사 하락세를 막아보겠다는 것은 홍수에 모든 것이 떠내려가는데 나 혼자 힘으로 그 거대한 물결을 막으려는 것과 다름없다.

시가 총액 상위 종목의 총 주가는 수십조 원에 해당하는 종목도 있다. 이러한 종목을 매매하는 공룡투자자들은 적게는 수백억 원에서 많게는 수십조 원까지의 풍부한 자금력으로 시장에 영향을 미치고 있다.

만일 내가 100억 원의 비교적 큰 금액으로 투자하는 투자자라 하더라도 위에서 말한 공룡들이 그보다 훨씬 더 큰 자금으로 맞설 경우, 승리하기 어려우며 손실의 위험성도 크다.

| 실수를 인정한다 |

주식시장에서 나만의 고집으로 혼자만이 착각에 빠지는 경우가 있다.

시장에 맞서면 맞설수록 손실폭이 커진다는 것을 명심하라.

자신의 잘못된 판단이나 실수로 매매한 종목에 대해서는 겸손하게 자신의 잘못을 인정하고 빨리 대처하는 것이 손실을 최소화하고 이익을 극대화하는 지름길이 될 것이다.

개미투자자들이 실수하는 원칙

계속적으로 관심 있게 지켜본 종목에 확신이 들 때는
용기를 가지고 과감하게 투자하라

| 미련없이 손절매하라 |

주식투자의 생명은 '손절매'라 해도 과언이 아니다. 자신이 정한 한도액까지 내려오면 기계적으로 손절매하는 것이 절대적으로 필요하다. 처음 매수시 당연히 오르리라는 예상과 달리 하락할 때에는 자신의 잘못을 인정하고 손실을 감수해야 한다. 손절매는 일반 개인투자자가 가장 하기 어려운 것이며, 초보자는 원금생각에 더욱 아까워서 팔지 못하다가 결국 큰 손실이 난 후 매도하는 결과를 가져오는 경우가 많다.

처음에 자신이 정한 한도까지 내려오면 기꺼이 즐거운 마음으로 손절매하고, 만일 처음 손절매를 못했다고 하더라도 다시 2차적인 손절매 한도액을 정해서 그 한도까지 오면 다행스럽게 생각하고 매도하는 것이 좋다. 한번 하락으로의 방향을 정한 주식은 기술적 반등이 있기는 하나 다시 상승하려면 반드시 가격조정과 기간조정을 거쳐야 한다.

기꺼이 손절매하라는 이유는 처음 조정시 빨리 매도해야 손실폭을 줄일 수 있고, 주가가 가격조정과 기간조정을 거친 후 반등을 시도할 때 얼마든지 처음의 손실을 만회할 기회를 주기 때문이다.

| 확신이 있으면 과감하게 투자한다 |

아무리 전문가라 할지라도 예측이 모두 맞을 수는 없다. 자신이 계속적으로 거래해 왔고, 계속 주가추이를 지켜봤다면 자신이 그 주식에 대해 가장 잘 안다고 해도 과언이 아니다. 계속적으로 관심있게 지켜본 종목에 확신이 들 때는 용기를 가지고 과감하게 투자하라. 용감한 자가 미인을 얻듯이 용감한 자가 큰 수익을 얻을 수 있다.

| 매매일지를 작성하라 |

자신이 매매한 종목에 대한 기록을 한다는 것은 단순한 과거의 정리가 아니다. 역사가 유사하게 반복되며 발전해 나가듯, 주식시장도 유사한 반복과 패턴을 형성하면서 발전해 나아간다.

HTS를 보고 있으면 충동매매를 하기 쉽고, 원래 자신의 매매계획에 없던 종목을 매매하여 낭패를 보는 경우도 많다. 미리 분석하고 준비하여 원래 매매하려던 종목을 계획대로 매매해야 성공률을 높일 수 있다.

투자하기 전의 워밍업

모의투자를 하지 않고 처음 실전투자에서 수익을 내는
경우도 있을 수 있는데, 이것은 오히려 위험천만하다.

| 실전투자 전에 모의투자를 꼭 해볼 것 |

계좌를 개설해서 시작하려는 분들은 처음 몇 달간은 모의투자로 꼭 연
습할 것. 매일 최소 1시간 이상 반드시 공부할 것.

시합이나 운동을 할 때 준비운동을 하듯, 투자에 있어 모의투자는 필수
적이다. '실전은 연습같이, 연습은 실전같이' 라는 말과 같이 여러 상황에
서 끊임없이 변화하는 주식, 그 주식에 대한 대처방법을 수없이 연습해야
한다. 많은 연습없이 실전투자를 하는 것은 전쟁에 나가는 군인이 총을 쏘
는 연습과 총기를 다루는 방법을 모르고 전쟁터에 나가는 것과 별반 다를
바 없다.

모의투자 사이트에 들어가서 회원에 가입한 후 실전투자와 같은 마음으
로 모의투자를 해 보라.

모의투자를 하지 않고 처음 실전투자하여 수익을 내는 경우가 있을 수 있는데, 이것은 오히려 위험천만하다. 주식시장은 진검승부를 하는 살벌한 곳이며, 강한 자가 약한 자를 잡아먹는 약육강식의 장이기도 하기 때문에 반드시 모의투자를 경험한 후 실전투자에 임해야 한다.

매일 최소한 1시간 이상 주식관련 공부를 하여 주식시장을 이해하고 그외에 주식관련 정보나 뉴스가 어떻게 해당 주식의 주가에 영향을 미치는지, 정보검색은 어떻게 하는지 등을 알고 있어야 한다.

혹자는 주식관련 정보를 일체 무시하고 단지 주가의 흐름에 따라 매수/매도를 결정하는 경우도 있으나, 이는 매우 위험한 방법이다. 호재나 악재가 떴을 때 자신만이 모른다는 것은 그만큼 불리한 것이며, 요즘 같은 정보화시대에 몇 초라도 먼저 관련정보를 안다는 것은 그만큼 유리한 것이다. 요즈음 내가 내보낸 정보가 내게로 돌아오는데 걸리는 시간이 5분밖에 걸리지 않는다고 한다. 주식시장에서 호재나 악재의 정보를 내가 처음 접했다고 생각하면 오산이다.

주식의 속성과, 주가의 흐름, 현실세계에서 주가에 영향을 미치는 여러가지 요인을 미리 파악해서 그에 대처하는 것은 망망대해를 항해하는 배가 나침반을 보며, 기상상태와 해류 등을 참고해서 목표 지점을 미리 알고 나아가는 것과 같다고 볼 수 있다.

왕초보 주식투자 시크릿

감당할 수 있는 금액 한도 내에서 그 금액 내에서도 일부만 투자할 것 남의 돈을 꿔서 하는 투자는 절대 금물.

처음 주식투자를 시작하면서 자신이 가진 많은 부분의 돈을 투입하는 경우가 있는데 이는 너무 위험한 투자다. "달걀은 한 바구니에 담지 말라."는 주식격언과 같이 한번에 너무 큰 금액을 주식에 투자하면 예측하지 못한 폭락 등으로 인해 손해가 났을 경우 만회하기가 쉽지 않다.

예를 들어, 자신의 여유자금이 1,000만 원이 있다면 100만 원을 먼저 투자해서 운용해 보고 그 100만 원을 다 잃었을 때 다시 100만 원을 투자하여 새로 시작하는 것이 정석이다.

"여유자금으로 투자하라"는 말이 있다. 하물며 남의 돈을 빌려서 하는 투자는 매우 위험해 실패할 확률이 높다. 부채에 대한 부담으로 자연스럽게 시세의 흐름을 타지 못할 경우가 많으며, 기회를 억지로 만들려는 우를 범할 수도 있다. 야구에서도 홈런을 치려고 어깨에 잔뜩 힘을 주면 오히려 삼진을 당하는 경우를 낳는 것과 유사하다 할 것이다.

단, 자기 자본 100 %를 사용하여 주식투자를 하고 있는 경우에 확신이 서는 종목이 눈에 띄면 미수로 사되, 3일 이내에 그 미수분을 파는 전략도 때에 따라서는 매우 유용한 전략이라 할 수 있다.

| 데이트레이드를 능숙하게 할 것 |

현대는 정보전이다. 특히 주식시장에서는 실시간으로 회사의 정보나 공시사항을 알리는 데, 호재인 경우에는 단 몇 초 만에 보합에서 상한가로 급등하는 종목이 있는가 하면, 악재로 급락하는 경우도 다반사다. 또한 호재로 인해 몇 초 만에 급등했다가 다시 급등 전의 원위치로 돌아오는 경우도 있으니 정보를 먼저 아는 것뿐만 아니라 그 종목의 코드번호를 외워 최대한 빨리 자신의 관심종목을 입력시켜 매매하는 습관을 길러야 한다. 이런 빠른 정보입수와 관심종목의 이해를 매매가 성공적으로 이끄는 데 초석이 될 것이다.

데이트레이드를 '1초의 승부사' 라고 하는데 그만큼 시간을 다투는 촉박한 경우가 많다는 것이다.

많은 사람들이 컴퓨터 사용에 익숙하지 않거나 급히 매매 주문을 내다 보면 매수주문을 매도주문으로 잘못내 실수하는 경우, 주문수량의 착오로 원래 계획한 수량을 매매하지 못하는 경우 등의 실수가 없도록 컴퓨터의 사용법을 숙지하는 것은 좋은 무기의 사용법을 잘 알고 전장에 나가는 것과 같다고 하겠다.

절대로 소홀히 해서는 안 될 원칙

'손절매를 잘 하라'는 말은 주식에 관련된 모든
서적에 있을 정도로 주식투자의 성패를 좌우하는
중요한 말이다.

| 긴급 상황시 대처할 수 있도록 할 것 |

컴퓨터의 고장이나 단전, 온라인 장애 발생 등으로 HTS 사용 불가시에는 당황하지 말고 미리 메모해 놓은 거래 증권사에 전화해 바로 주문 및 체결을 할 수 있도록 준비할 것.

자신이 사용하는 컴퓨터 단말기의 이상이나 온라인 장애 발생 등으로 HTS의 사용이 불가능한 경우가 한 달에 한두 번은 발생할 수 있다. 주식을 보유하지 않았다면 다행이지만, 주식투자를 많이 해본 사람이라면 '머피의 법칙'처럼 중요한 매매를 하고 있을 때 장애가 발생해 기회를 놓친 경험을 해봤을 것이다.

이런 경우에도 절대 당황하지 말고 거래 증권사의 콜센터 등을 이용해서 매매에 임하고, 휴대폰이나 PDA 등을 이용해서 매매할 수 있으므로 사전에 매매 요령을 익혀 놓는 것도 중요하다.

| 손절매의 기준을 정한다 |

주식투자의 생명은 손절매. 손절매란 자신의 판단이 잘못되었음을 인정하고 더 큰 손실을 막기 위해 손실을 감수하며 파는 것을 의미한다. 계속 뜻대로 안 될 때는 당분간 쉬면서 초심으로 돌아가는 것도 좋은 방법이다.

'손절매를 잘하라'는 말은 거의 모든 주식관련 책에서 언급하고 있을 정도로 주식투자의 성패를 좌우하는 중요한 말이다. 이 말은 손절매를 자주 하라는 뜻이 아니라, 오를 것을 예상하고 매수했으나 횡보하거나 하락의 조짐이 보일 때 손실의 위험을 줄이기 위해 매도하는 방법이다.

자신의 실수를 합리화하면 비싼 대가를 치르게 된다. 일단 실수를 인정하고 손절매를 빨리 한 다음 다시 매매에 임해야 한다. 누구나 현실적으로 손해보며 팔고 싶은 마음은 없을 것이다. 따라서 손절매를 자주 하게 되면 곤란하다.

손절매를 하는 것은 시간비용과 기회비용, 실제 손실액을 최소화하고 차후에 이익을 극대화하기 위해 절대로 필요한 것이다.

손절매 폭은 보통 데이트레이드의 경우 매수가 대비 -2% 정도이다. 물론 이것은 시장상황에 따라 하락속도와 거래량 등을 감안하여 매수가 대

왕초보 주식투자 시크릿

비 −1% 내지 −3%의 탄력적 적용도 가능하다. 원칙은 본인이 정해도 시장 상황에 맞게 유연한 대처를 해야 할 것이다.

제때에 손절매를 하지 못해 주가가 너무 떨어져버리면 자포자기하는 경우가 있다. 결과적으로 여러 번 잘하여 수익을 내다가도 단 한번의 실수로 그 동안의 수익을 모두 잃어버릴 수 있으므로 손절매는 아무리 강조해도 지나치지 않은 중요한 방법이다.

자신이 매매하는 종목마다 손절매를 하고 나와야 할 경우도 있다. 도대체 어디서부터 잘못 되었는지 모를 정도로 매매가 뜻대로 안 될 때에는 당분간 쉬면서 다시 처음 마음으로 돌아가라. 매매하고 싶은 마음을 자제하고 시장의 모습을 있는 그대로 보면, 새로운 매수 유망종목이 보이게 되고 그 종목을 매매하면 100% 성공할 것이라는 확신이 들 것이다.

투자할 때 지켜야 할 금기사항

주식시장은 온갖 권모술수와 루머가 난무하는
장이다 보니 정보도 옥석을 가리는 지혜가 필요하다.

| 위험한 4가지 |

★ 외상으로 사는 미수나 신용

★ 한 종목에 집중 매수하는 몰빵

★ 하락시 추가 매수하는 물타기

★ 급등종목의 추격매수

주식매매시 가장 위험한 것 중 하나가 충동매매다. 이는 평정심을 유지하지 못하는 것과 관련이 있는데, 미수나 신용으로 최대한 주식을 사게 되면 레버리지가 커져 이익 또는 손실액이 몇 배로 늘어나게 된다.

중요한 것은 미수나 신용으로 샀을 경우 대부분은 평정심을 잃은 경우가 많고, 욕심이 생겨 시장을 있는 그대로 보는 눈도 흐려진다. 마찬가지로 몰빵이나 물타기, 추격매수도 같은 맥락에서 평정심을 잃고 자기만의 아집이나 편견으로 시장을 보고 있다고 생각하면 거의 틀림이 없다.

※ 주 : 레버리지란 결제금액의 일부분만을 증거금으로 사용함으로써 발생하는 지렛대 효과를 말한다. 결제금액과 증거금 사이의 비율에 따라 투자원금 대비 이익이나 손실도 그 비율만큼 늘어난다. 예를 들어 결제금액의 40%를 증거금으로 요구한다면 레버리지 효과는 2.5배가 된다.

| 다른 사람의 매수 추천을 따른다 |

주식시장에서 증권사나 전문가, 애널리스트, 신문기자 등 많은 사람들이 매수 추천종목이나 유망종목을 하루에도 수십 종목씩 떠들고 있다. 너무 매수 추천종목이 많아 그 중 어떤 것을 선택할까 고민이 될 정도이다. 물론 그런 종목 중 주가가 상승하는 경우도 있으나 반대로 하락하는 경우도 수없이 많다. 최근의 UBS워버그 사건에서 보듯, 외국인 투자자도 앞에서는 목표가를 높이며 매수 추천을 하고 뒤로는 파는 행태를 하여 큰 파문을 일으켰던 것은 물론이고, 증권사나 애널리스트들도 자기들이 고가에 매도하려는 속셈을 가지고 유망종목을 매수하라고 추천하는 경우가 있으므로 참고만 할 것을 권한다. 주식시장은 온갖 권모술수와 루머가 난

무하는 장이다 보니 정보도 옥석을 가리는 지혜가 절대적으로 필요하다.

| 타인에게 노출되지 않도록 주의할 것 |

최근의 주가조작 파동이나 대형 사고는 타인의 계좌에 들어가서 매매함으로 인한 것이므로 타인에게 노출되지 않도록 주의할 것. 비밀번호는 얼마간의 기간 사용 후에는 변경해서 쓰는 방법도 좋다.

참고로 사이버 주식매매 절차를 살펴보면 다음과 같다.

1. 증권계좌 개설 – 증권사 지점 방문 또는 은행에서 가능
2. HTS용 사용자 ID, 비밀번호 설정
3. HTS 프로그램 설치
4. 기본사항, 세부사항 설정 – 관심종목 등록, 계좌 지정 등
5. 사이버 매매 주문 – 자동 주문, 예약 주문 가능
6. 주문 체결 내용 확인, 잔고 확인

이 모든 매매시 거치는 절차들에서 위험과 실수를 줄이고 매매의 성공률을 높이려면, 컴퓨터 사용법을 숙지하고 주식투자시 유의할 점을 잘 지키는 것이라 할 수 있다.

6

주가에 영향을 주는 외적 요인

경기의 흐름이 주가에 미치는 영향

경기의 움직임이 그 시기에 따라 각종 특징이 있듯이
주식시장도 특별한 예외가 없는 한 시기마다 다른
특성을 갖고 있다.

경기란 국민경제 전체의 활동수준으로 설명될 수 있는데 어떤 시점에서의 경제활동을 보면 국민경제를 구성하는 모든 요소들의 움직임이 어떠한 경우든 일치하기가 쉽지 않다. 따라서 이처럼 모든 일치하지 않는 개별 경제 단위의 활동을 종합적으로 파악하는 것으로 정의할 수 있다.

이러한 경기는 끊임없이 움직이며 경제활동이 활발해지면 경기는 상승하고, 마침내 정점에 이르러 경제활동이 둔화되면서 하락하기 시작한다. 한편 저점에 이른 경기는 다시 상승한다. 다시 말해 경기는 이와 같이 물결처럼 정점과 저점을 오고 가면서 끊임없이 움직이는데, 우리는 이와 같은 현상을 경기순환이라고 하는 것이다.

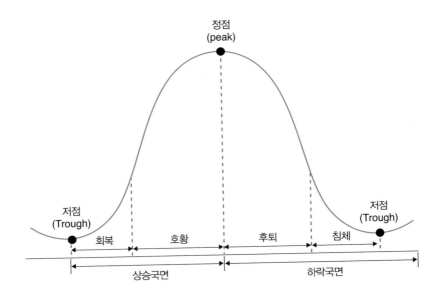

정점
(peak)

저점
(Trough)

저점
(Trough)

회복　호황　후퇴　침체

상승국면　하락국면

〈그림〉 경기순환을 나타내는 도표

　일반인들이 몸으로 느끼는 것만큼 정확한 경기 지수는 없다. 즉 몸으로
체감되는 지수 말고 경기의 흐름을 정확히 느낄 수 있는 것으로 투자전략
을 세울 수 있는 자신감을 갖게 한다.

　경기의 움직임이 그 시기에 따라 각기 다른 특성이 있듯이 주식시장도
특별한 예외가 없는 한 매시기마다 다른 특성을 갖고 있다.

　따라서 일반적으로 주식시장은 경기의 흐름에 따라 다음의 장세 패턴이
반복된다는 것을 알 수 있다.

그러므로 경기의 흐름을 정확히 예측한다는 것은 주식시장의 흐름을 예측하여 판단할 수 있는 전제 조건이 된다고 할 수 있겠다.

| 금융장세 |

일반적으로 금융장세는 경기 침체기 말고 경기 회복기 초에 나타난다. 그리고 경기가 침체에 빠지면 경기회복을 위하여 정부는 금리인하를 검토하게 되고, 이러한 기대감과 실제 금리하락으로 주식시장에 자금이 몰리게 되며, 이에 따라 자금의 힘에 의하여 주가가 올라가는 현상이 나타나게 된다. 결국 금리의 하락이 주식시장의 최대의 호재로 받아들여지는 시점이 되는 것이다.

또한 대세하락 끝에 나타나는 상승기로써 주가의 바닥 확인에 대한 공감대는 형성되지만 대세상승이 될 수도 있다.

물론 이 경기 저점을 확인하고 상승기에 접어들어 실물경기가 뒷받침되는 전제가 있어야 하지만 주가는 경기에 6개월 정도 선행한다는 논리를 접목한다면 상승기의 시작 여부는 적절한 시점에 확인할 수 있을 것이다.

| 경기장세 |

이는 경기가 저점을 통과하여 회복기를 지나 본격적으로 활황기에 접어들면 나타날 수 있는 주식장세로, 금리하락이 기업의 경쟁력을 강화시킴에 따라 경제활동이 강화되고 생산이 증가해 설비투자 또한 증가하게 된다. 그리고 이에 따른 고용창출의 효과로 경제활동이 안정성을 갖게 되는데 그 결과 실제 기업의 실적도 좋아지게 되는 것이다.

그리고 경기 회복에 따른 자금소요가 증가하면서 금리가 다시 오르기 시작하지만 이보다 경기가 현재 활황이라는 점이 증시의 최대 호재인 시기라 볼 수 있겠다. 따라서 금융장세가 짧은 시간에 돈의 힘으로 주가가 가파르게 오르는 시기라면 경기장세는 장시간에 걸쳐 꾸준한 상승을 보이는 것이 특징이라 할 수 있다. 특히 이 시기는 경제활동이 활발하여 무역수지가 흑자를 기록하면서 외국자금의 유입이 강화되기도 한다. 이러한 상황에서는 주가의 상승이 의외로 다시 한번 가파른 상승을 보이는 유사 금융장세가 나타나기도 한다.

대개 일반인들은 이 시기에는 어느 주식을 사더라도 돈을 벌 수 있을 것 같은 생각이 지배적이고 실질적으로 이러한 현상이 나타나기도 하지만 소위 말하는 상투를 잡는 우를 범할 수 있는 시기이기도 하다는 것을 명심해 두자.

| 금융긴축 장세 |

이는 경기가 활황기에서 정점으로 접근한 상태이거나 어쩌면 정점을 통과하여 하락국면으로 접어드는 과정에서 나타날 수 있다. 경기가 활황기를 지나 과열양상을 보이게 되면 인플레이션에 대한 우려가 높아지게 되고 이를 막기 위해서는 긴축정책의 실시가 필요하게 되는 상황이다.

따라서 기업들은 아직까지는 성장 및 실적호전이 나타나지만 지금까지보다는 전망이 불확실하고 긴축의 영향으로 금리는 높아지게 된다. 그리고 이에 따라 주식시장에 대한 자금의 유입이 주춤하게 되고 주식투자에 대한 매력 또한 감소하게 되는 것이다. 또한 예탁금도 줄어들어 매도세력에 대한 지지의 기반도 약화되는 시점이기도 하다.

지금까지의 상승장세에 익숙해진 투자자들은 장세의 흐름을 올바로 읽을 수 없게 되면 보유주식에 대한 불안감에 사로잡히게 된다. 그리고 그 결과 장세의 하락이 조금만 커져도 매도에 가담하는 투매 현상이 나타나게 되는 것이다.

| 한계기업 장세 |

경기가 본격적으로 침체기에 접어들게 되면 주식시장은 투자대상으로써의 가치 및 매력이 줄어들게 되고 주식투자로 이익을 창출한다는 것이

어려운 시기가 된다.

또한 긴축재정의 여파로 금리는 지속적으로 상승세를 보이고 기업의 실적은 크게 나빠지며 설사 실적은 동일하더라도 자금조달 비용이 증가함에 따라서 실적은 악화된다.

따라서 이 시기에는 궁극적으로 실적호전이나 주가상승보다는 추가하락은 없을 것인지 부도의 공포는 어떻게 피해 갈 것인지가 중요한 상황이 된다. 또한 부도업체의 증가에 따라 발생되는 실업자들로 인하여 사회문제가 야기되기도 한다.

이와 같이 한계기업이라는 용어가 증시에 자주 등장하고 상장기업들 중에서도 부도기업이 나오면서 증시에 악성루머가 기승을 부리게 되면 투자자들이 증시를 떠나는 상황이 나타나기도 한다.

반면 이러한 경기상황의 바닥을 확인하기 위해서는 주가가 먼저 바닥을 치고 반등 내지는 상승하는 시점이 되어야 한다. 따라서 현명한 투자자라면 경기흐름의 저점이 올 것을 예상하여 바닥권의 우량주식을 분할, 매수에 대해 생각해 볼 수 있는 시기라 할 수 있다.

왕초보 주식투자 시크릿

금리가 주가에 미치는 영향

금리가 오르면 주가가 내리고, 금리가 내리면 주가가
오르는 모습은 일반적인 현상이지만, 반드시 그런
것만은 아니다.

금리란 간단히 돈에 대한 가격으로 이자 수익률과 더불어 같은 의미로
혼동해서 쓰이고 있다. 금리는 자금의 수요와 공급에 의하여 결정되는 것
이 일반적이다. 따라서 자금의 수요가 많아지면 돈에 대한 대가인 금리는
올라가게 되고 반대로 자금이 필요한 사람보다 자금을 빌려주는 사람이
많게 되면 금리는 자연히 내려가게 되는 것이다.

그러나 금리는 이와 같은 자금의 수급에 의해 결정되는 것이지만 금리
의 변동이 지나치게 심하면 경제주체 모두가 적절히 이와 같은 변동에 대
응하기 어렵게 된다.

그리고 이러한 상황이 나타나면 정부는 어느 정도 금리의 결정에 간섭
하게 된다. 특히 우리나라의 경우 자금수요가 항상 자금의 공급을 초과하
는 현상이 많이 발생하는데 통제가 없는 한 큰 폭으로 상승하는 기현상을

보일 수도 있다.

더욱이 금리의 상한선이 없어진 지금의 상황에서는 턱없이 올라갈 가능성이 더 높아졌다고 보겠다.

하지만 금융시장이 전반적으로 개방된 시점에서 금리의 통제를 위하여 정부가 매번 지나치게 나선다는 것은 어려운 실정이다 보니, 시장자율에 의하여 형성된 금리를 그대로 유지하는 것이 경기흐름의 동맥경화를 막으면서 돈의 흐름을 자유롭게 해 경기회복에도 도움을 줄 것이다.

그리고 일반적으로 금리와 주가는 반대성향을 가지고 있다고 볼 수 있다. 즉 금리가 오르면 주가는 내리고 금리가 내리면 주가는 올라가는 모습을 보이는 것이다. 또한 금리가 내리면 기업들은 자금조달 비용이 감소하게 되고 그에 따라 경쟁력이 강화되는 결과로 수익성이 개선된다.

따라서 기업의 가치는 상승되고 주가는 상승된 기업의 가치를 반영하게 되므로 주가 역시 상승하게 된다.

다시 말해 금리의 하락이 주식시장에서 호재로 받아들여지는 이유가 여기에 있다. 단군 이래 최저의 금리라는 최근의 주식시장이 좋은 예라 할 수 있을 것이다.

그러나 반드시 주가와 금리가 반대현상으로 나타나는 것은 아니고, 금리와 주가가 동시에 오르는 경우도 있다.

즉, 일반적인 통념상 주가와 금리는 반대방향으로 움직인다고 하였으나 반드시 그런 것도 아닌 것이다.

본격적인 경기 회복기에 나타나는 장기적인 주가상승에는 주가와 금리가 동시에 오르는 경우도 있다.

그리고 경기 순환상 대세 상승의 초기에는 금리하락과 함께 주가가 강하게 오른다. 왜냐하면 침체기에 빠진 경기를 회복시키기 위해서는 금리의 하락이 필요하고 금리가 하락되면 경기가 회복할 수 있기 때문이다.

물론 금리의 하락이 바로 경기의 회복으로 이어진다는 것은 아니고, 또 그러한 등식도 성립되지는 않는다. 이처럼 제반 경제 여건이 따라주는 상황에서 가능한 것이다.

경기가 회복될 것 같은 기대감에 주가는 상승하고 주가의 상승으로 기업들은 다소간의 자금조달에 어려움을 덜 수 있다.

이와 같은 상황에서 오르는 주가는 금리하락이라는 전제가 있어야 함은 틀림이 없으나 이러한 과정 끝에 경기가 회복되면 기업의 투자활동은 왕성해지고 자금에 대한 수요는 늘어난다.

따라서 이렇게 되면 금리는 다시 오르게 되지만 경기회복에 대한 기대감 때문에 주가는 재차 반등을 시도한다. 또한 경기 회복기에 나타나는 금리상승은 어느 정도는 불가피한 것이고 이 시기에는 금리상승보다는 경기회복에 대한 기대감이 더 큰 시기로 금리의 상승에도 불구하고 주가는 상승하게 된다.

말하자면 통상적으로 알고 있는 금리와 주가와의 개념과는 다르게 금리가 상승함에도 주가가 상승하는 즉, 주가와 금리가 같은 방향으로 움직이는 시기인 것이다.

물가가 주가에 미치는 영향

물가가 계속 오를 것 같으면 아무래도 위험성이 있는
주식과 같은 투자 대상보다는 실물자산이 훨씬 더 선호된다.

우리의 생활에 필요한 재화 및 각종 서비스에는 제각기 가격이 있다. 또한 가격의 등락폭, 속도, 원인도 각각 다르다. 이러한 제반 움직임을 종합적으로 파악하여 나타내는 지수가 물가이다. 그러나 물가의 움직임을 정확하게 나타내기 위하여 모든 재화나 서비스의 가격의 변동을 한 시점에서 모두 조사할 수는 없는 일이다.

따라서 대표적인 몇몇 종목 및 항목을 선택하여 그 가격의 움직임을 조사하여 종합적으로 계산화한 것이 흔히들 알고 있는 물가지수이다.

그러나 이러한 물가지수가 우리의 생활에 와 닿는 점이 너무나도 이질적인 경우가 많다. 다시말해 생활 속의 물가 즉, 장바구니 물가와 정부가 발표하는 물가지수와는 항상 괴리감이 있다고 할 수 있다. 그렇다면 이와 같은 물가를 움직이는 요인들은 어떤 것들이 있는가? 그리고 정부의 끊임

없는 물가안정 의지에도 불구하고 항상 변화하는 물가와 주가는 어떠한 관계를 가지고 있을까?

물가가 계속 오를 것 같으면 아무래도 위험성이 있는 주식과 같은 투자 대상보다는 실물자산이 훨씬 더 선호된다. 왜냐하면 물가가 상승한다는 것은 돈의 가치가 떨어진다는 것이므로 돈의 가치가 떨어지면 차라리 부동산과 같은 자산이 더 선호될 수 있기 때문이다.

기업의 입장에서는 금리상승으로 자본비용이 높아지게 되면서 그 결과로 매출이 감소되고 수익성은 악화된다. 따라서 투자자 입장에서는 수익성이 악화되어 위험성이 증가된 주식보다는 위험성이 없는 확정된 높은 이자를 받을 수 있는 금융상품을 자연히 선호하게 된다. 결국 물가의 상승이 주가에는 마이너스 요인으로 작용하게 된다. 이처럼 물가상승은 주가에 마이너스 영향을 주지만 그렇다고 반드시 주가가 떨어지기만 하는 것은 아니다.

물가의 완만한 상승은 기업들에게 생산 활동의 동기를 부여하고 이럴 경우 일정수준까지는 주가와 물가가 한 방향으로 움직이는 상황이 연출되기도 한다.

환율이 주가에 미치는 영향

환율의 변화가 개별종목 주가에 직접적인 영향을 주는 것은
아니므로 종목선정에 특별히 유의해야 한다.

환율이란 화폐의 교환비율로 상대국과 우리나라의 경제상황에 비례하여 결정된다. 즉, 환율이란 특정한 외국돈에 대한 우리나라 돈의 가치라할 수 있다.

미국달러에 대한 환율이 1$당 1,200원이면 우리나라 돈 1,200원은 미국돈 1$와 그 가치가 같다는 뜻이다. 그리고 만약 환율이 변동되어 1$당 1,250원이 됐다면 우리나라 돈이 미국 돈에 대하여 50원의 가치가 떨어졌다는 뜻이 되는 것이다.

이것을 우리는 환율인상이라고 한다. 우리 돈의 입장에서는 평가절하라고 표현할 수 있지만 이러한 환율은 기본적으로 외환시장의 수요와 공급에 의하여 결정된다.

환율을 변동시키는 요인에는 여러 가지가 있지만 기업의 가치가 높아지

고 무역수지가 흑자가 된다면 외국돈의 국내 유입이 많아져 우리 돈의 가치가 높아진다. 즉 평가절상이 이루어지는 것이다.

그러나 이처럼 경제성장으로부터 파급되는 요인들이 중요한 환율 변동의 요인이 된다. 환율이 인하되면, 우리 돈의 가치는 높아지지만 수출의 감소와 수입의 증가가 초래되어 무역수지가 악화되고 결과적으로 우리 돈의 가치는 떨어지게 된다. 반면 원화가 절상되는 부분만큼의 부채의 경감 효과도 발생한다. 또한 절상 부분만큼의 물가하락 요인이 발생하여 물가안정에 기여하기도 한다.

그렇다면 이러한 환율과 주가는 어떠한 관계를 갖고 있을까?

일반적으로 환율이 인상되면, 기업들의 경쟁력이 강화되어 수출이 증가하게 되고 이와 같은 결과는 주가에 상승요인으로 작용하는 것이 일반적인 흐름이다. 달러 대 엔화의 환율변동도 우리의 주가에 직접적인 영향을 주고 있는데 이러한 점은 우리경제가 대외 의존력이 큰 경제구조를 갖고 있기 때문이다.

특히 우리나라는 세계시장에서 일본과 경쟁관계를 보이는 상품들이 많은 관계로 엔화의 환율변동이 즉각적으로 주가에 반영된다. 그러나 환율의 변화가 개별종목의 주가에 직접적인 영향을 주는 것은 아니므로 종목선정에 유의하여야겠다.

왕초보 주식투자 시크릿

설비투자와 주가

설비투자 사이클도 경기 순환주기와 거의 비슷한 양상으로
움직인다. 그러나 실질적인 내용에 있어서는 설비투자는
경기변동의 선행 지표로서의 성격을 갖고 있다.

일반적으로 주가는 설비투자의 증감여부에 영향을 받는다. 설비투자란
기업들 사이에 경기회복에 대한 자신감이 없다면 일어나기 어려운 것이
나 건축경기 활성화를 위한 건설투자는 경기침체를 막기 위하여 정부에
의하여 인위적으로 일어날 수도 있는 것이다. 이처럼 경제를 움직이는 고
정투자에는 이와 같은 설비투자와 건설투자가 있다.

설비투자는 경기회복에 자신감을 갖는 기업들의 투자 마인드에 달려 있
다. 정부가 아무리 설비투자를 늘리기 위해 인위적으로 동기를 부여한다
하여도 기업들이 경기회복에 대한 자신감이 없다면 불가능하다는 말이
다. 그래서 설비투자가 증가한다는 것은 경기순환과 관련되어 경기회복
의 청신호로 받아들여지고 있다. 따라서 설비투자 사이클도 경기 순환주
기와 거의 비슷한 양상으로 움직인다. 그러나 실질적인 내용에 있어서는

설비투자는 경기 변동의 선행 지표로써의 성격을 갖고 있다.

그리고 주식투자의 적기를 경기 침체기에서 경기 회복기로 들어서는 시점이라고 본다. 설비투자의 증가는 그러한 투자시기를 정확하게 포착하는 데 틀림없는 지표일 것이다. 그러므로 신문지상에 "기업들의 설비투자 증가"라는 글귀가 보이면 그냥 지나치지 말고 어느 업종인가, 어느 종목인가를 확인하는 습관을 갖도록 해보자. 또한 이러한 설비투자의 증가가 경기회복의 청신호이지만 설비투자를 위해서는 수입의 증대가 수반되고 이에 따른 무역수지의 악화가 발생되어 판단의 혼란을 초래하기도 한다.

그러나 경기 침체기에서 설비투자가 늘어난다는 것은 경기회복에 대한 낙관적인 신호이기 때문에 주식투자 전략을 계획하고 실행에 옮기는 실천력이 필요한 시점이라고 할 수 있겠다.

왕초보 주식투자 시크릿

미국증시가 주가에 미치는 영향

미국의 증시는 상대적으로 우리나라 증시에 많은 영향을 준다.
몇 년 전과는 달리 절대적은 아니지만 아직 상당히 많은 영향을 준다.

우리의 증시, 특히 KOSDAQ은 그 이름만큼이나 미국의 NASDAQ을 추종하는 모습이 두드러진다. 심하다 싶을 정도로, 외국인의 영향력이 커진 거래소 증시는 그렇다 하더라도 KOSDAQ의 투자 주체별 매매 규모는 일반 투자가가 단연 압도적이다. 그럼에도 불구하고 외국인의 매매 형태를 추종하고 있는 것이다. 이러한 흐름이 이제는 아예 New York 증시의 흐름을 그대로 답습하는 수준에까지 이르렀다고 할 수 있겠다.

따라서 이러한 흐름을 이제는 더 이상 일시적인 현상으로 넘어갈 수가 없다는 것이다.

따라서 정확하고 빠른 New York 증시의 분석이 필요한 것이다. 미국 증시의 흐름을 살펴볼 수 있는 사이트 몇 개를 소개해 보겠다.

물론 여기저기 모든 증권사/증권 정보제공 사이트에서도 분석 결과를 내놓고 있다. 하지만 주식 투자라는 것이 자신의 결정과 책임이 무엇보다도 중요한 것이고 투자 판단의 주체가 자신이라는 점에서 본다면 스스로 분석하는 능력도 필요한 것이다. 어느 누가 분석을 한 것이라도 절대적이고 확실한 것은 없다는 점이 또한 중요하다.

스스로의 분석 능력을 키우고 노하우를 갖추는 것이 필요하다는 것이다. 각종 투자 게임에서 수위를 차지하는 사람들은 전문 펀드매니저도 아니고 증권 전문가도 아닌 일반투자자들이다.

단, 이들은 나름대로의 분석능력과 장세 흐름을 읽을 수 있는 기준을 가지고 있다는 점이 다를 뿐이다.

왕초보 주식투자 시크릿

★ 단순히 Dow 지수와 NASDAQ 지수를 분석한다는 의미보다는 어떠한 업종보다 종목들이 왜 올랐는지를 분석하는 것이 기본이다. 인터넷으로 주가가 올랐다고만 확인하고 그친다면 아무런 의미가 없다. 그 정도는 어디서든 얻을 수 있는 자료로서의 의미도 없는 것이다.

★ 폭락세가 이어진 경우는 더욱더 중요하다. 무엇이 악재로 작용하는지 우리 증시와는 어떠한 연관관계를 갖고 있는지를 알아야 한다.

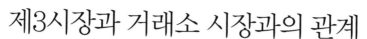

제3시장과 거래소 시장과의 관계

제3시장의 근본적인 문제점은 기업분석의 자료가 많지 않고,
구하기도 쉽지 않다는 점이다.

제3시장이란, 2000년 3월 29일에 처음 거래가 성립된 시장으로 정식 명칭은 "장외 주식 호가 중개시장"이다. 기존의 사채시장에서 거래되던 비상장, 비등록, 장외주식을 호가 중개시장으로 끌어모아 거래를 시킴으로써 호가시스템을 통해 편의성과 안정성을 높이자는 의도로 형성된 시장을 의미한다.

| 제3시장 투자방법 |

★ 증권사 계좌 개설

★ 주문

증권사 지점 창구/전화/인터넷 ←기존주식 투자와 동일

– 종목, 수량, 가격 등 기재

- 취소 · 정정 가능

★ 매매 체결

매도/매수 쌍방 가격이 일치해야 함 ←기존 주식투자와 동일

| 제3시장의 특징 |

★ 가격 제한폭이 없다 ※ 20%/15%로 상향 예정

★ Day trading 금지

★ 양도소득세 부과 : 양도차익이 있으면 세금 10% 부과, 단 대기업은 20% 부과

★ 위탁증거금으로 현금 또는 유가증권 100% 필요

★ 상대매매원칙 : 시장가나 단일가, 동시호가 등의 체결이 없다. 50,000 원에 팔고자 하는 주문이 있으면 50,000 원에 사고자 하는 주문이 있어야만 거래가 성립한다. 따라서 투자자는 일치되는 호가에만 주문을 내어야 체결이 된다.

| 제3시장 투자 유의사항 |

★ 가능한 많은 자료가 필요하다.

★ 거래량을 주목하라.

★ 매도/매수 시점이 더욱 중요하다.

★ 호가 추이를 정확히 판단하라.

★ 공개되는 자료 즉 공시는 기본이다.

★ 양도소득세가 있다는 점에 주의하라.

1. 가능한 한 많은 자료가 필요하다

　제3시장의 근본 문제점은 기업분석 자료가 많지 않고 구하기도 쉽지 않다는 것이다.

　특히 개장 초기의 정보는 상당히 빈약한 것으로 판단된다. 따라서 해당 기업에 접근할 수 있는 모든 방법을 동원해야 한다.

★ 해당기업의 internet homepage를 방문.

★ 제3시장 정보를 제공하는 site를 접속.

　: 제3시장 종합정보시스템.

★ 해당기업의 인쇄매체를 스크랩한다.

★ 증권사 리서치 자료와 신문기사는 기본이다.

2. 거래량을 주목하라

코스닥 시장이 초창기에 그랬듯이 제3시장 종목은 거래량이 많지 않을 수 있다.

★ 거래량이 작다는 것은 작전세력들의 접근이 용이하다는 의미로 해석해도 무리가 없다. 따라서 매매에 위험성이 높다는 것이다.

★ 해당업체 발행 주식이 전부 지정되는 것이 아니고 부분지정 된다는 점에 유의해야 한다.

★ 매도/매수 시점이 더욱 중요하다.

왕초보 주식투자 시크릿

제3시장의 특징 중 하나가 가격 제한폭이 없다는 점이다. 소위 "작전세력"들의 움직임이 높다는 것이다.

상하단가 폭이 없다는 것은 이처럼 투기세력의 활개가 예상되는 만큼 일반투자가들의 매매시점 포착은 그만큼 어려워진다는 것이다.

거래소나 코스닥과는 비교도 되지 않을 것이다.

3. 호가 추이를 정확히 판단하라

기존가는 물론이고 매도와 매수의 호가 추이를 면밀하게 살펴야 한다. 기본적으로 호가 차이가 지나치게 큰 종목은 세심한 주의가 필요한 것이다.

적정 시장가가 제대로 형성되지 못했다는 의미로 볼 수 있다.

4. 공개되는 자료 즉 공시는 기본이다

가장 기본이 공시조차 파악하지 않고서 종목 선정과 매매에 참여하는 것은 그야말로 무지한 일이다.

5. 양도소득세가 있다는 점에 주의하라

제3시장 거래에서 부담스러운 것은 소득세가 있다는 점이다. 거래소나 코스닥에서는 존재하지 않는 세금이 있다. 매수금액−매도금액이 발생한 경우에는 부과된다. 따라서 제3시장의 주가는 이러한 금액이 반영되는 시점에서 가격이 형성될 것으로 생각된다.

★ 증시 주변 여건 검토 분석

★ 투자기업의 재무 상태

★ 투자기업의 시장성

주가에 영향을 주는 외적 요인

| 제3시장 지정 요건 |

★ 금융감독위원회에 법인등록

★ 재무재표에 대한 외부 감사인의 적정 또는 한정 의견

★ 통일규격 유가증권 발행

★ 주식 양도가 법적으로 가능토록 회사 정관 정비

★ 명의개서 업무 위탁기관 선정

★ 모집이나 매출 절차 없이 발행된 주식이라면 발행 후 1년이 지나야 3
  시장에서도 거래가 가능

★ 매출 예상 합계 금액이 10억 원 이상일 때 금감위에 유가증권 신고서
  를 제출

7

방법에 따라 인생이 바뀐다

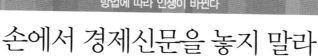

손에서 경제신문을 놓지 말라

스스로 정보를 취득, 분석, 판단하여 투자종목을
선정할 수 있는 능력이 없으면 남이 만들어놓은
것이라도 이용할 줄 아는 지혜가 필요하다.

시대에 따라 각광받는 재테크의 방법들이 많이 있지만 최근에는 재테크의 방법이 더 다양하고 복잡해지고 있다. 그 중에서도 고금리 지향시대에는 주식투자가 가장 대중적이고 서류에 맞는 재테크의 금융투자와 비교해 많은 정성과 공을 들여야 한다.

주식투자가 재산의 증식에 도움이 되기 위해서는 투자종목의 선택이 무엇보다 중요하다.

그렇다면 때깔 좋은 투자종목을 선정하기 위해서는 어떻게 하여야 하는가?

"아무거나 좋은 거 사면 되겠지 뭐."라고 말할 수 있을지 모르지만 '아무거나' 라는 종목은 없다.

기업은 유기체다. 그래서 경제환경에 따라 기업의 내재가치는 숨가쁘게 변화된다. 오늘의 우량종목이 미래에 정크주로 둔갑할지는 누구도 모르는 일이다.

이제는 공부해야 한다. 우리에게 높은 시세차익을 안겨주는 종목을 점찍기 위해서는 기업의 경영흐름을 놓치지 말아야 한다. 그러나 그것이 일개 개인에게 그리 쉬운 일인가. 그렇지만 공개되어 있는 주식과 관련된 각종 Paper만 활용해도, 또 그것을 통해 시시각각 변하는 주식시장의 변화를 감지할 수 있는 능력만 키운다면 여러분은 이미 절반의 성공을 거둔 것이나 다름없다.

| 상장회사 투자분석법 |

기업은 그 경영성과를 법에 의하여 의무적으로 밝히도록 되어 있다. 이러한 경영성과 및 기업의 전반적인 재무 현황을 한 곳에 모아놓은 것이 각 증권사에서 연 2회 발간하는 상장회사 투자분석 책자이다.

이 책에는 기업의 재무상태를 기초로 한 계량적 분석 즉, 성장성·수익성·안정성 분석을 위한 기초로 한 기초 재무제표와 기업의 개황 등이 기록되어 있다.

주식에 투자하고자 하는 개인이 특정기업의 재무제표나 기업의 개황 등을 일일이 구한다는 것은 불가능할 뿐 아니라 정확성도 기대할 수 없다.

그래서 가장 손쉽게 구할 수 있고 신뢰성이 있는 것이 증권회사가 발간하는 상장회사 투자분석책이다.

기업의 경영성적은 주가에 그대로 반영되어 나타나고 주가는 아무리 변화무쌍하게 움직여도 결국에는 자신의 가격대를 찾아가는 놀라운 탄성의 법칙을 갖고 있다.

투자대상 기업을 선정하여 투자를 하고자 하는 것이 궁극적으로 돈을 벌어보자는 것임에 틀림없다면, 당연히 그 기업의 재무상태 정도는 꼭 봐야 하는 것이 불문율임에도 불구하고 이것을 건너뛰는 투자자들이 너무나도 많다.

혹시라도 있는 사실조차 모르는 투자자가 있다면 주식투자를 정말로 말려야 된다.

왜냐하면 십중팔구 뇌동매매나 분위기에 휩쓸려 소신 없는 투자를 할 것이 뻔하므로 그 결과 또한 자명한 일 아니겠는가.

학교 다니는 학생이 공부를 해야 하는 것처럼 주식투자를 하려는 사람은 주식공부를 하여야 한다. 무슨 종목을 사든 자신의 판단과 책임하에 해야만 한다. 바로 소신을 가져야 한다는 말이다. 소신을 갖되 필요한 기본적인 내용은 알고 있어야 한다.

상장회사 투자분석책은 어느 증권사에 가더라도 볼 수 있다. 내용은 모두 같으므로 여러 권을 봐야 될 필요는 없다. 공개된 정보자료는 일목요연하게 상장사 전 종목을 망라하고 있으므로 반드시 읽어보고 그 뒤에 종목을 매수하자.

　상장기업 투자분석책을 보는 데 있어 초보자도 쉽게 평가할 수 있는 것이 주요 재무비율이다. 주요 재무비율은 각 항목마다 동종 업계 평균비율과 투자기업과의 비교를 통해서 투자종목의 재무 안정성과 자산가치를 파악할 수 있다.

| 최소한 경제신문의 증권기사는 꼼꼼하게 읽어라 |

　누구나 읽을 수 있고 항상 돌아다니는 신문이 무슨 정보자료가 되겠는가?

　루머에 사고 뉴스에 팔라는 증시 격언처럼 이미 재료로써 끝난 내용을 뭐가 중요하다고 하는지 모르겠다. 이렇게 재료로써의 가치를 의아해 하면서도 신문에 나왔는데 한번 사보자 라는 마음을 가지고 있는 사람도 있을 것이다. 하지만 신문에 공개된 정보라 해서 재료로써의 가치가 없다고 볼 수만은 없다. 투자의 기본은 보다 많은 정보를 접하고 이것을 활용하는 데 있기 때문이다.

　예부터 '지피지기면 백전백승' 이라고 하지 않던가!

시시각각으로 변하는 주가의 흐름 속에서 앞으로 시장을 끌어갈 종목을 찾는 데는 경험과 지식을 통하여 자신의 능력을 쌓고 직감을 갖출 수 있는 투자능력이 필요하다. 대세가 하락하는 장에서도 상승하는 종목은 반드시 있다. 또한 전 종목이 상승하더라도 유난히 큰 폭의 상승을 보이는 종목은 반드시 있다.

투자자들은 주식이 항상 오를 것이라는 생각으로 주식을 매수하게 되는데 단순히 오를 것이라는, 아니면 올랐으면 좋겠다는 희망적인 생각으로 주식을 산다면 희한하게도 그 주식은 절대로 오르는 법이 없다. 보다 논리적인 자세로 접근해야 한다. 그렇기 때문에 지식기반을 갖추는 것이 무엇보다도 중요하다고 할 것이다.

또한 돈 벌 수 있는 종목을 잡기 위해서는 기업을 분석할 줄 아는 능력을 쌓는 것이 중요하다. 경제신문에는 이와 같은 분석능력을 향상시킬 수 있는 투자정보가 매일 새롭게 등장한다.

모든 사람이 다 보는 신문이지만 보는 사람의 능력에 따라서는 재료가 되기도 하고 단지 그냥 신문에 불과하기도 하다. 그래서 경제신문의 증권기사를 활용하는 방법에는 테크닉이 필요한 것이다.

다음은 경제신문의 증권기사를 활용하는 방법이다.

증시에 참여하는 투자자 집단은 크게 외국인, 기관, 일반 투자자로 구분 지어 볼 수 있다. 이중 개미군단으로 불리는 일반 투자자들은 정보력, 분석력, 결정력 등에 있어서 기관 및 외국인 투자자에 비하여 절대적으로 열세에 있는 것이 사실이다. 따라서 대등한 입장으로는 대결할 수가 없다.

장세가 상승을 보인다면 "ZERO SUM"이 존재하지 않는 증권시장에서는 참가자 모두가 이익을 볼 수도 있다. 그러나 그 이익률은 똑같을 수가 없다.

소위 금융장세로 불리는 상승장세에서 나타난 결과를 보더라도 일반인의 평균 수익률은 외국인 및 기관의 절반에도 미치지 못하는 부진함을 보였다. 같은 상황의 증시에서 같은 기간 매매를 하였는데도 같은 수익률이 나오지 않는 이유는 무엇인가?

그것은 다음과 같은 이유에서이다.

★ 일반인들은 싸고 수량을 많이 잡을 수 있는 종목을 선호한다.

★ 뇌동매매 등 소신이 없는 매매를 하는 우를 범한다.

★ 원금에 대한 미련 때문에 교체매매 시기를 놓친다. 즉 포트폴리오를 무시한다.

★ 평가이익을 현실화하는 데 재빠르지 못하다.

★ 추천종목에 지나친 호감을 갖는다.

기본적으로 주식투자는 어느 누구를 막론하고 돈을 벌어보겠다는 생각으로 한다는 걸 누구도 부인하지 않는다. 그럼에도 일반 투자자들은 주식을 매수하는 데 있어 투자논리가 너무나도 단순하다. 또 왜 그리 귀는 얇은 건지!

스스로 정보를 취득하고 분석, 판단하여 투자종목을 선정할 수 있는 능력이 없다면 남이 만들어 놓은 것이라도 이용할 줄 하는 현명함이 필요하다. 기관이나 외국인의 매매동향이나 그들의 포트폴리오는 일반적으로 신문지상에 빈번히 공개된다.

그저 막연히 보고 넘어가지 말자. 현재의 증시상황이나 예상되는 증시상황에 부합되는 종목인가 아닌가를 한번쯤은 짚어보고 넘어가자. 기관과 외국인의 정보와 분석된 자료에 의해서 매수한 종목은 꼭 관심을 갖고 지켜봐야 한다. 여기에 자신의 투자논리가 함께 한다면 그 시점의 투자는 성공의 확률을 높여줄 것이다.

| 상장기업의 공시내용은 무조건 스크랩해 둬라 |

증권거래소 및 협회에 상장 또는 등록된 기업은 중요한 사항 또는 공시요구를 받은 사항에 대하여 법에 의해 모든 관계인들이 알 수 있도록 공시하여야 한다.

유상 및 무상증자, 전환사채 발행, 합병 및 감자, 실권주공모 등 기업과 관련된 내용은 전부 다 공시하도록 되어 있다.

어느 날 아침에 주가를 보니 자신이 보유한 종목이 권리락이 됐다든지 거래가 정지됐다든지 했을 경우 그냥 황당해하고 말 것인가? 증권사에 전화를 걸어 물어본 뒤 그 내용을 알았다 한들 무슨 의미가 있겠는가. 다음부터 조심해야지 라는 마음을 먹었다면 그것으로 위안을 삼을 것인가? 이미 권리락이 된 것은 증자를 받아야지 하고 생각하면 되겠지만 거래가 정지되어 버린 종목은 어찌할 것인가? 물론 상장폐지가 된 것이 아니라면 일정기간이 지나서 거래가 재개되겠지만 당장은 무슨 수를 써서 현금화시킬 수 있겠는가.

적어도 내가 투자한 기업이라든지 투자할 기업에 관해 관련정보를 모두 기억할 능력이 없다면 매일 주요내용을 스크랩하는 성의는 갖자. 스크랩도 번거롭다면 메모라도 해 놓자. 투자해 놓고 악재가 발생해 환금성이 안되는 경우에는 희한하게도 돈은 구해지지도 않는다.

증권회사 객장에 매일 나간다고 해서 제반 정보와 각종자료가 투자자들 보기 좋게 가지런히 정리되어 있지는 않다.

어느 증권사의 창구가 아침부터 유난히 복잡하고 사람들이 많이 모여 있는데, 그런 연유를 당신이 모른다면 아마도 당신은 돈 버는 기회를 적어도 다른 사람보다 한 번은 잃어버린 게 될 것이다.

그리고 실권주 청약을 왜 저 증권사만 하는지 모른다면 똑같은 실수를 되풀이하게 될 것이다.

전일과 당일의 모든 자료를 정리하여 발행하는 증권사의 DAILY는 초보자들 뿐 아니라 모든 투자자들에게 중요한 자료임에는 틀림이 없으나 활용할 줄 모르는 투자자들에게는 아무런 쓸모없는 종이에 불과할 것이다.

방법에 따라 인생이 바뀐다

좋은 영업직원을 만난다

고객에게 단순히 매매회수만을 늘리게 하거나,
단정적으로 어떤 주식이 수익이 오를 것이라고
말하는 사람은 피해야 할 증권사 직원이다.

증권투자를 위하여 증권사 지점에 들어가 보면 대부분 창구에서 구좌를 개설한 후 영업직원을 소개받아 상담을 하고 주식을 매수하는 게 보통이다.

그렇다면 상담을 하고 주식의 매수를 결정짓는 데 중요한 역할을 담당하는 영업직원과의 만남이야말로 주식투자의 본격적인 시작이라 할 수 있겠다. 대부분의 영업직원들이 고객의 수익을 높이기 위해서 정보수집과 분석에 열심이지만 그 중에는 투자자의 마음을 달콤한 말로 유인하며 법규를 위반하는 직원들도 있다. 그러므로 영업직원의 선택은 투자자가 판단할 일이지만 건전하고 현명한 영업직원을 만나기 위해서는 다음의 상황에 유의하여야 한다.

왕초보 주식투자 시크릿

★ 빈번하게 주식을 사게 하거나 팔게 하여 단순히 매매 회수만을 늘리려는 직원은 가까이 하지 말자.

★ 이 주식은 틀림없이 오른다고 확신하는 단정적인 말은 신용하지 마라.

★ "주식에 틀림없다"라는 말은 있을 수 없다.

★ 주식의 움직임은 누구도 알 수 없는 것이다.

★ 다만 예측을 통하여 판단하는 것이지 확정은 누구도 지을 수 없는 것이다.

★ 공부하지 않는 영업직원은 정확한 판단을 할 수 없다.

주식의 흐름은 일순간도 정체되지 않고 변화하는 것으로 주가를 형성하는 수많은 재료와 내외의 여건 변화에 민감하게 반응한다. 이러한 변화가 주식의 매매를 가능하게 하는 것이다.

일반 투자자가 증권사 직원의 상담을 듣고자 하는 것은 보다 정확하고 빠른 정보를 이용하여 투자에 도움을 얻고자 하는 것인데, 만일 정보수집도 더디고 분석능력도 떨어지는 영업직원이라면 주가판단과 매매시점의 결정에는 도움이 못될 수도 있다.

같은 지점 내에서 같은 종목을 파는 직원이 있는가 하면 사는 직원도 있다. 물론 나름대로의 판단근거는 있겠지만 결과적으로는 한 명은 잘못된 판단을 하고 있다는 게 확인될 수 있다. 영업직원 뿐 아니라 각종 추천종목을 지나치게 맹신하지 마라. 주식거래는 영업직원이 아닌 창구직원을 통해서도 할 수 있다.

일임 매매는 하지 않는다

일임 매매로 발생하는 손실은 역시 투자자의 돈이다.
주식투자는 자신의 판단과 책임 하에 신중하게 하라.

증권의 투자는 보통 위탁자 거래를 통하게 되는데 위탁자 매매의 주문
에는 일반적으로 간접주문 즉, 전화를 통해 증권사 직원에게 주문을 내는
방식과 본인이 증권사에 직접 나가 주문표를 작성하거나 PC를 이용한 홈
트레이딩 매매를 하는 등의 직접주문이 있다.

최근 들어 직접주문이 증가되고 있지만 아직도 많은 투자자들은 간접주
문의 형태를 이용한다. 주문의 형태가 간접이든 직접이든 중요한 것은 종
목이나 가격의 결정이고 이것은 본인이 하는 것이 타당하다. 그럼에도 불
구하고 투자자 중에는 이와 같은 중요한 결정을 증권사 직원에게 맡기는
이들이 있다. 증권사 직원들이 아무래도 일반 투자자보다는 각종 정보를
정확하고 빠르게 접할 수 있다는 믿음이 있기 때문이다. 물론 이러한 점이
확실히 매매에 도움을 줄 수는 있다.

그러나 증권사 직원이라고 해서 항상 올바른 판단을 할 수 있는 것은 아니다. 증권시장에 떠도는 루머가 단지 루머로 끝나는 경우가 허다하듯 정보라고 판단한 것이 단순한 루머로 끝난다면 투자의 이익이 발생할 수 있겠는가? 일임 매매로 발생되는 손실은 결국 투자자 자신의 돈이 아닌가!

특히 신용거래를 하는 경우도 있다. 주식투자는 자신의 판단과 책임하에 신중하게 하자.

왕초보 주식투자 시크릿

주식투자 실패의 3대 특징

주식투자에 실패한 사람의 특징은 미수와 신용을
적극적으로 이용하고, 기업의 재무구조보다 종목만 보고 사며,
포트폴리오 구성을 하지 않는다.

처음 주식투자에 나서서 수익을 보게 되면 투자자들은 대개 자신감을 갖게 된다. 그래서 주식투자라는 것이 별 게 아닌 것 같고 돈버는 지름길이 되는 것 같기도 하고, 뭐 그런 생각들로 가득차게 될지 모른다.

왜냐하면 자그마한 성공을 통해서 초보자들이 갖는 착각은 자신의 투자방법과 종목의 선정이 꽤나 과학적인 것 같다고 생각하는 것이다.

그러나 주식투자라는 것에는 왕도가 없는 법이다. 처음의 성공이 어쩌면 미래의 실패를 예고하는 전주곡이 될 수 있다. 그래서 주식투자는 어떠한 환경에서도 차분한 마음으로 조사와 분석을 하고 나름대로 소신을 갖고 투자하지 않는다면 주식투자로 돈을 번 것이 처음 수익률을 올린 것이자 마지막이 될 지도 모른다.

다음은 주식투자로 망할 수 있는 지름길을 역설적으로 말한 것이다.

★ 첫째, 미수와 신용을 적극적으로 활용한다

투자자들은 주가가 급등하고 있을 때는 주식을 못 사서 안달이 난다. 이러한 상황에서 주가가 다시 상승을 시도하게 되면 급기야는 과감하고 공격적인 매수세로 돌변, 무조건 사고 보자는 마인드를 갖게 된다. 이 시점에서 미수와 신용을 적극적으로 사용하자.

주가의 속성은 오르면 반드시 떨어진다는 것이고 그 시점은 항상 일반 투자자들의 확신에 가득찬 매수가 있은 후가 될 가능성이 매우 많다.

가파른 상승은 가파른 하락을 낳고 신용이나 미수로 매수한 투자자는 손해를 보기 마련이다. 만일 신용으로 주식을 매수한 경우에는 그 손실의 폭이라는 것이 너무나도 크기 때문에 투자자는 자연스럽게 투자원금을 날리게 된다.

★ 둘째, 재무구조는 신경쓰지 말고 오르는 종목은 무조건 따라 사자. 기업의 가치는 주식의 가격으로 나타난다

단기간에 급등한 종목이면 재무상태는 보지도 말고 따라 사자. 소위 작전 종목으로 거론되는 주식들 중에는 재무구조가 형편없는 경우가 많다.

재무상태가 마이너스 투성이인 주식을 무작정 따라 산다면 망할 수 있는 좋은 방법이 될 것이다. 재무구조도 좋지 않은 종목이 급등한 다음 급락하지 않은 게 어디 있던가?

★ 셋째, 포트폴리오는 구성하지 않는다

구좌에 현금을 한 푼이라도 남겨두면 큰일이 난다. 왜냐하면 망하기가 쉽지 않으니까. 남들이 좋다고 하면 두말 말고 한 종목에다 모든 금액을 투자하자.

쉬는 것도 투자라는 말에는 절대 귀를 기울이지도 말자.

은행 대출이자가 10%라면 주식이 하루에 올라갈 수 있는 상한가 15%로 이를 연수익률로 환산하면 어림잡아도 약 5,000%는 넘을 것이다. 한번이면 끝낼 수 있는데 대출 받아서 투자하면 어떠랴.

하루 상한가만 잡으면 연 수익률이 15%로 1년치 대출이자는 쉽게 빠지게 된다. 그런데 대출을 받아서 주식투자를 안하는 것이 이상하지 않은가? 그래, 대출을 받아서 주식투자 하고 하루 종일 주식만 생각하며 살자. 그러면 조만간 고통이 찾아 올 것이다. 업무 중에도 internet을 이용해서 주식시세만은 꼭 보자.

★ 넷째, 한 번 산 주식은 남기 전에는 팔지 않는다

주식은 남기 위해서 하지 손해보기 위해서 하는 것은 아니다. 그러니 수익이 남지 않는다면 무조건 쥐고 있어라.

신용으로 샀다면 만기까지 가지고 가라. 몇 번만 반복하면 쉽게 망할 수 있을 것이다.

왕
초
보
주
식
투
자
시
크
릿

주식투자의 6가지 철칙

주식투자의 철칙 중에서 반드시 지켜야 하는 것은
손절매를 잘하는 것과 포트폴리오를 구성하는 것과
시장장세의 상황을 세밀하게 파악하는 것이다.

1. 시장의 주도주를 찾아라

시장의 주도주란 상승장세의 견인차 역할을 하는 종목으로 장세의 흐름
에 따라서는 가장 높은 수익률을 가져다 줄 수 있다.

주도주란 일정기간에 한번씩 나타나는 것이 아니고 증시주변의 상황에
경제의 흐름들을 종합적으로 판단하여 선정하여야 한다.

2. 손절매를 잘하자

누구나 주식을 손해보고 팔고 싶지는 않을 것이다. 그러나 잘못 샀다고
판단된다면 더 큰 손실을 막기 위하여 손절매를 하는 것이 현명하다.

손절매라는 것은 자신의 판단이 잘못됐음을 인정하고 손실을 감수하는
것을 말한다. 일반 투자자들이 가장 못하는 것이 바로 손절매의 결정이다.

물론 일률적으로 손실 폭을 정하여 손절매를 하는 것이 바람직하지는 않다. 그러나 외국의 저명한 펀드회사들은 자기들이 보유한 종목들이 일정 비율 이상 떨어지면 투자한 자산운용 규정에 의해 손절매를 하도록 되어 있다.

3. 분산투자! 즉 포트폴리오를 구성하자

주식투자를 한 종목에 몰아 투자하는 것처럼 어리숙한 것은 없다. 전액을 투자한다는 것은 내가 산 주식에 대한 환상이라고 할 수 있다. 아무리 좋은 주식이라도 무작정 오를 수만은 없고 반드시 예상대로 움직여 주는 것은 아니다.

증시에는 항상 악재라는 것이 존재하고 예고 없이 나타나곤 한다. 따라서 한 종목에 몽땅 투자하는 것보다는 최소 2~3종목에 분산 투자하는 것이 위험의 감소와 안정적인 투자를 위하여 현명한 것이다.

4. 장세의 상황을 세밀하게 파악하라

일반적으로 주식시장의 형태는 상승장과 하락장 그리고 박스권 장세로 대별될 수 있다. 이와 같은 장세의 분류에 맞게 투자를 하기 위해서는 지금의 장세가 어떤 장세인지를 먼저 파악하여야 하고, 박스권 장세임에도 불구하고 상승이나 하락장으로 판단하여 매수나 매도에만 전념한다면 수익을 챙기기에는 요원할 수밖에 없을 것이다.

박스권 장세란 상승장과 하락장으로 분류하기보다는 상승과 하락의 일정 패턴이 반복되는 장세로써 일정한 지지선과 저항선으로 등락이 반복되는 장세로, 이러한 패턴을 포착했다면 흐름에 따라 매도와 매수를 반복하는 매매방법으로 수익을 올릴 수 있다.

5. 학습 효과는 있다

나름대로의 투자전략이나 소신을 갖지 않고서 주식에 투자한다면 자연히 귀가 얇아지게 되고 그에 따라 투자를 하게 되면 남의 수익률 향상에는 도움을 줄지 몰라도 내 수익을 챙기는 데는 적절치 못하다.

흔히들 '무슨 종목이 좋아요?' 하고 물어서 누가 좋다고 하면 그냥 아무 생각 없이 투자해 버리는 투자자가 많다. 시장의 투자패턴이 바뀌면 투자자의 투자패턴도 바뀌어야 한다.

6. 주가지수 선물의 헤징효과에 대한 환상을 깨라

국내 주가지수 선물 시장은 아직 성숙되지 않았다. 그만큼 리스트에 노출되어 있다는 것을 의미한다.

흔히 사람들은 말하기를 주식현물 투자에 대한 위험의 회피로 주가지수 선물로 헤징을 할 수 있다고 생각한다. 이것은 이론상으로는 완전히 가능하다. 왜냐하면 현물투자에 대한 리스크는 주가지수 선물에 반대포지션으로 투자하면 리스크는 회피할 수 있다는 것이 일반적인 생각이기 때문이다. 그러나 우리의 증시에서는 이론처럼 전개되기보다는 양쪽으로 손해를 보는 상황이 자주 연출되고는 한다.

필자는 그래서 일반 투자자들에게 꼭 당부하는 것이 주가지수 선물의 헤징효과에 대한 환상을 깨라는 것이다.

왕
초
보
주
식
투
자
시
크
릿

금리를 주목해라

금리의 변동이 주가에 영향을 주는 것은 사실이지만
즉각적으로 영향을 주는지는 알 수 없다. 왜냐 하면
시간이 경과한 후에야 그 결과를 알 수 있기 때문이다.

주가에 민감한 반응을 불러일으키는 요인에는 많은 것들이 있겠지만 거시적으로 보면 금리, 물가, 환율, 정부의 경제정책과 같은 것들이 있을 수 있겠다.

일반적으로 금리가 떨어져 금융기관에서 이탈된 자금이 증시로 유입되어 주가가 움직이는 것을 금융장세 또는 유동성 장세라고 한다.

이중에서 금리만큼 증시에 호재를 작용하는 변수는 없다.

금리가 하락하게 되어서 주식시장에 돈이 모이게 되면 주가는 돈의 힘에 의하여 오르게 되고 시중의 풍부한 자금이 증시로 추가 유입되어 주식시장의 흐름을 바꾸어 놓게 되는 것이다.

따라서 이와 같은 유동성 장세의 징후를 미리 파악할 수 있다는 것은 주식시장의 흐름을 사전에 파악할 수 있다는 것을 의미하며 돈을 벌 수 있는 기회를 잡을 수 있다는 의미로 해석될 수 있다.

그리고 유동성 장세란 소위 돈의 힘으로 주가를 올릴 수 있다는 것으로 이러한 장세에서는 전반적으로 모든 종목의 주가가 상승을 보이게 되므로 투자의 손실보다는 당연히 이익을 볼 확률이 많다. 그래서 유동성 장세에서는 우스개 말로 화살촉으로 찍어서 투자해도 주가는 오른다고 하지 않는가?

금리의 하락으로 인한 자금의 유입은 결국 주가의 상승으로 이어지고 투자자들은 투자이익을 보게 되는 결과가 연출된다. 그러나 이와 같은 상승의 시작이 반드시 금리의 하락에만 기인하는 것은 아니다.

금리의 하락으로 인하여 파급되는 제반 여건들이 모두 부합될 경우에만 경제성을 가질 수 있다. 따라서 금리의 하락이 가시화된다고 해서 무조건 주식의 매수에 가담하기보다는 제반 여건의 변화를 주시하여야 한다. 또 거시경제의 흐름을 먼저 파악하는 것이 급선무이다. 꼭 먼저 매수한다고 해서 수익이 더 많이 생기는 것은 아니다. 기다림에 지쳐 참고 참다가 매도를 하게 되면 주식은 상승을 하게 되는 경우가 이 때문이다. 좋은 주식을 찾는 것도 중요하고 이러한 좋은 주식을 사는 것은 더욱 더 중요하다. 그러나 좋은 주식도 사야 되는 좋은 시점이 있다면 그 시점을 사는 것이 무엇보다 더 중요하다. 금리의 변동이 주가에 영향을 주는 것은 사실이지만 즉각적으로 영향을 주는 지는 알 수 없다. 왜냐하면 시간이 경과한 후에야 그 결과를 알 수 있기 때문에 과거의 통계자료나 현재 주식시장의 흐름분석을 꼼꼼하게 따져 볼 필요가 있기 때문이다. 이러한 사전 준비가 전제된다면 금리의 하락이 투자자의 주머니를 채워주는 데 큰 역할을 할 것이다.

필자의 경험으로 봤을 때, 1년 중 주식에서 수익을 낼 수 있는 기회는 많아야 3~4회가 고작이다. 1년 내내 주식에 투자하면 수익이 더 많이 발생한다는 통계자료가 있다면 얼마나 좋겠는가! 그러나 현실은 결코 그렇지가 못하다.

확실하게 말해서 시중금리가 떨어지는 것이 명확하게 드러나면 주식에 투자해 성공할 수 있는 확률이 높아진다. 그래서 한국 증시에서 금리만큼 확실한 재료가 없다는 것이 논리성을 갖는 것이다.

그렇다고는 해도 매번 있는 기회도 아니지만, 이러한 상황이 모두에게 수익을 안겨줄 수는 없다. 운전면허 시험을 보는 데도 몇 날 며칠을 공부해야 하는데 하물며 자신의 돈이 들어가는 주식에 투자하면서 공부를 하지 않는다면 기회가 온다 한들 무슨 소용이 있겠는가!

주식시장은 누구에게나 참여의 기회는 줄 수 있을지언정 누구에게나 돈을 벌 수 있는 기회는 제공하지 않는다.

투자의 세계에서 승리하는 노하우

신용거래 하지 않는다

주식투자가 돈을 벌 수 있는 기회임에는 분명하지만,
그렇다고 남의 돈을 빌려서 투자해서는 절대로 안 된다.

주식투자에도 정석투자가 있다. 자기가 책임질 수 있는 금액의 한도 내에서 그야말로 투자라는 개념으로 종목을 매수하고, 일정수익이 나면 반드시 매도해 새로운 장세흐름을 파악하면서 무작정 주식에 매달리기보다는 1년에 3~4회 찾아오는 매수 기회에만 투자하는 것을 비교적 정석에 가까운 투자라 말할 수 있겠다.

그러나 주식을 투자하는 투자자들 중에는 투자하는 자기 돈보다도 더 많은 주식을 사고자 하는 경우가 많다. 이럴 때 이용하는 것이 신용이라는 제도이다.

우리 주변에는 주식투자를 하는 사람들이 참으로 많다.

특히 최근 들어서는 그 대상이 학생층까지 넓어져 그야말로 '전국민의 주식투자화'가 되어 간다 해도 과언이 아니다.

그러나 한번 찬찬히 생각해 보자. 주식으로 돈을 벌었다는 사람이 몇 명이나 되겠는가?

주식투자가 돈 벌 수 있는 기회임에도 틀림이 없다. 그렇다고 남의 돈으로 벌겠다는 생각은 하지 말자. 혹시라도 대출을 받고 거기다가 신용으로 투자하는 그런 어리석은 투자라면 정말로 하지 말자. 주식의 하루 상승폭이 대출금의 1년치 이자를 충분히 벌어 줄 수도 있다. 그러나 이것은 매력이 아니다. 환상이라는 표현이 적당할 것이다.

확실한 관리종목이 좋다

관리종목 중에서 살아날 수 있는 기업은 우리가 생각하는
것처럼 싸구려 종목이 아니다. 때깔 좋은 것은 어떠한
환경에도 제 값을 받기 마련이다.

관리종목이란 일단 부실한 종목이라고 생각할 수 있다. 그러나 그렇지
않을 수도 있다. 최근 들어 거론되는 벌처펀드는 이와 같은 부실한 종목으
로 돈을 벌어 보겠다는 자금이 모여 만든 펀드로 우리나라에 도입되기 시
작했다. 한마디로 부실 종목에 투자하여 기업을 회생시켜 매각 등을 통해
돈을 벌겠다는 것이다.

관리종목은 투자에 앞서 기업내용을 면밀하게 분석해야 되지만 이들 기
업 중에서 단지 일시적인 자금경색 또는 영업부진으로 관리종목으로 편
입된 종목은 주목해 볼 필요가 있다.

상장기업들 중에서는 일시적인 유동성의 심각한 부족으로 말미암아 관
리종목으로 편입된 종목들이 있다. 이 중에서 회생 가능해 보이는 기업들
이 과거에 비해 많은 것이 사실이기 때문이다. 대우건설이 좋은 예라 할

수 있겠다.

그리고 관리종목의 투자란 투기에 가깝기 때문에 여러 가지 제약이 있다.

우선 관리대상 종목의 매수에는 신용 및 미수가 인정되지 않는다.

그럼에도 불구하고 투기 세력들에 의하여 상상하기 힘들 정도의 상승 장세가 나타나기도 한다. 이러한 투기 세력들의 매수에 일반 투자자들이 동참한다는 것은 너무나도 커다란 위험을 안는 것이다. 그러나 관리종목 중에도 실적이 향상되는 기업은 분명히 있을 수 있다.

물론 벤처펀드라는 것이 상장되어 있는 기업만을 대상으로 하는 것은 아니다. 관리종목의 투자에 있어서 일반 투자자가 간과하는 것은 관리종목은 무조건 싸야 한다는 것이다. 그러나 싼 게 비지떡이라고 했던가!

관리종목 중에서 살아날 수 있는 기업은 절대로 우리가 생각하는 것처럼 싸구려 종목이 아니다. 때깔 좋은 것은 어떠한 환경에서도 제 값을 갖기 때문이다.

실패했더라도 후회하지 않는다

주식이 오르지 못하는 데는 그만한 이유가 있고, 한번
떨어진 주식이 다시 오르기 위해서는 얼마나 많은
시간이 소요되는지도 모른다.

놓친 고기가 더 크고 남의 떡이 더 커 보이는 법이다. 혹시나 하는 마음에 마냥 가지고 있는 주식은 절대로 오르지 않는다. 그리고 팔아버린 주식은 항상 올라만 간다.

증권거래소에 상장된 주식과 코스닥 종목을 합하면 1,800개가 넘는다. 이 많은 투자 대상 중 내가 산 종목이 반드시 좋은 종목일 수는 없다. 설사 좋은 종목이라 해도 장세에 부합되지 못하는 종목은 돈이 되질 않는다.

"꼭 오를 것 같은데", "거래량도 많고 기관들도 사는데". "게다가 수익도 났는데" 왜 못 오를까?

주식이 오르지 못하는 데는 반드시 이유가 있고 한번 떨어진 주식이 다시 오르기 위해서는 얼마나 많은 시간이 걸릴지 모른다.

일반 투자자들은 일반적으로 상승 초기에는 주식 매수에 상당히 신중함을 보이는 반면 본격적인 상승이 시작되고 나름대로 투자의 확신이 생기게 되면 놀라울 정도로 적극적인 투자 행동을 보인다. 그러나 주식이라는 것이 무작정 상승할 수만은 없는 것이고 특히나 급상승 뒤에는 급락이 있는 법, 상투권 진입이 가까울 수도 있는 시점이다.

따라서 잘못 산 것 같다는 생각이 들면 빨리 팔아야 한다. 미련은 후회만을 남긴다.

한편 꾹 참고 가지고 있던 주식이 어느 정도 올랐다고 판단하여 매도를 했는데 이 주식이 무작정 더 올라간다고 억울해서 며칠을 지켜보다 다시 매수하는 투자 행동도 현명한 투자자의 행동은 아니다.

왕초보 주식투자 시크릿

주식과는 연애만 하지 결코 결혼은 하지 말아야 한다. 또한 한번 헤어진 애인에게는 미련도 두지 말자. 하루에 한 종목씩 산다 해도 최소한 4년은 살 수 있는 종목이 있으니까. 사람과 마찬가지로 주식도 시대를 잘 타야 좋은 주식이 될 수 있다는 것을 명심하자!

투자계획서 작성 요령

투자계획서를 작성할 때 무엇보다 나의 투자 성향과 나의 여유 자금을 알아야 한다.

사업을 시작할 때 무작정 시작하는 사람은 아마 없을 것이다. 미리 그 분야에 대한 시장조사도 하고, 전문지식도 쌓고, 그 분야의 일에 종사하는 사람들의 이야기도 경청하면서 나름대로 판단을 내릴 것이다. 그런 다음 수익이 날 것이라고 생각되는 업종을 선택할 것이고, 가망성이 높은 곳에 투자할 것이다.

이렇게 투자처를 정한 다음 사업자가 느끼는 초기 고민은 다음과 같은 것들이 대부분이다.

★ 초기 자본금은 얼마나 소요될 것인가?

★ 초기 자본금은 어떻게 조달할 것인가?

★ 조달된 자금으로는 어떻게 시설을 갖출 것인가?

★ 1일 판매액, 1달 판매액이 얼마 이상이면 손익분기점인가?

★ 이 판매액을 달성할 마케팅은 어떻게 전개해 나갈 것인가?

★ 자금관리는 어떻게 할 것인가?

★ 종업원 교육은 어떻게 시킬 것인가?

이런 고민들을 수치화해 표로 만든 작업이 사업계획서 작성의 시초이다. 사업에서 성공하는 사람은 초기단계부터 이런 치밀한 사업계획서에 의해 판단하고 일을 추진해 나가다가, 중간에 변수가 생기면 다시 사업계획서를 검토하고 수정하면서 자신의 사업을 키워 나간다.

사업에서 성공하는 사람들은 일을 할 때도 그냥 마음 내키는 대로 하는 것이 아니라 체계적으로 매뉴얼을 만들어 시스템화한다. 이렇게 원칙을 정해 일을 처리하면 의사결정시간도 짧아지고, 남는 시간에 새로운 마케팅 구상을 할 수 있다.

반면에 사업에 실패하는 사람들은 사업계획서 없이 그냥 머릿속으로만 '어떻게 하면 되겠지' 하고 행동에 옮긴다. 그러다 보니 항상 빈틈이 생기고, 그 틈으로 애써 벌어 놓은 돈이 다 빠져 나가 버려 결국 문을 닫게 된다. 어디서 문제가 발생했는지도 모른 채 허망하게 무너지는 것이다. 이런 사람들은 다시 다른 사업을 한다고 해도 실패할 확률이 매우 높다.

왕초보 주식투자 시크릿

| 주식투자 역시 내 사업이다 |

고수들은 주식투자를 자신의 사업이라고 생각한다. 지금 위치가 봉급생활자든 자영업자든, 주식투자를 자신의 '세컨드 잡'으로 생각하는 것이다. 그래서 주식투자에 나서기 전에 먼저 시장 참여 여부를 결정한다. '과연 지금이 주식투자를 하기에 적절한 시기인가? 혹은 위험한 시기인가?'를 스스로 판단하는 것이다.

이런 판단력은 당연히 '돈 지식'에서 나온다. 평소 꾸준하게 '돈 공부'를 한 사람은 이런 결정에서 크게 오판되지 않는다. 부적절한 시기라는 판단이 들면 최대한 투자규모를 줄이고, 적절하다고 판단되면 투자규모를 늘린다.

투자규모가 결정되었다면 직접투자를 할 것인지, 간접투자를 할 것인지 결정한다. 직접투자를 할 경우에는 무슨 종목에 투자할 것인지, 언제 투자할 것인지, 포트폴리오는 어떻게 구성할 것인지를 결정한다. 간접투자를 할 경우에도 어떤 상품으로 가입하는 것이 현재 내 상황에 가장 유리한 것인지 판단하고 결정한 다음 비로소 투자에 나선다.

중요한 것은 이러한 변수들을 머릿속으로만 생각하지 말고, 투자계획서를 작성해 보는 것이다. 현재 주가지수가 얼마나 발생할 것인지, 손실이 발생했을 때 대처방법은 어떻게 할 것인지 등, 이런 계획을 세운 후에 투

177

투자의 세계에서 승리하는 노하우

자를 결정한다.

　주식투자에 성공한 많은 성공자들은 모두 이런 수치화 작업에 충실한 사람들이었다. 부자투자자들은 "주식투자는 사업계획과 같이 치밀하게 연출하고 준비해야만 성공확률이 높아진다."는 점을 지속적으로 강조하고 있다.

자신에게 맞는 투자법을 결정한다

직접투자를 하든 간접투자를 하든 중요한 것은
본인의 투자성향과 조건에 맞추는 것이다.

개인이 처해 있는 입장이나 환경은 모두 다르기 때문에 주식투자의 방법도 모두 다를 수밖에 없다. 무조건 일률적으로 어떤 특정 종목을 살 수도 없고, 일률적으로 팔 수도 없는 노릇이다. 우리는 흔히 주식투자라 하면 본인이 직접 주식을 사고파는 것으로만 생각하기 쉽다. 하지만 주식투자와 관련된 상품은 다양하기 때문에 자신과 궁합이 맞는 상품을 찾는 것이 현명하다.

직장생활에 바쁜 직장인이나 시간적인 여유가 없는 자영업자가 '데이트레이딩'을 한다고 하면 아마 생업에 소홀해질 수밖에 없을 것이다. 이래서는 곤란하다. 분명 회사에서 눈총을 받게 될 것이고, 구조조정 1순위로 낙인찍힐 것이다. 자영업자라면 가게에 소홀해져 파리만 날릴지도 모른다. 이런 분들은 가능하면 직접투자보다는 간접투자를 하는 것이 낫다.

정녕 직접투자를 하고 싶다면 시세의 흐름에 민감한 짧은 매매보다는, 중기적인 관점에서 매매하는 것이 바람직하다.

시간적인 여유가 있는 사람이라면 직접투자를 해볼 만하다. 당연히 주식에 대한 기본지식은 가지고 투자에 나서야 한다. 주식에 대한 지식수준이 높을수록 성공확률은 높아진다.

직접투자에 나설 경우 본인의 성격이나 취향도 고려해 봐야 한다. 본인의 성격이 다혈질적으로 불같은 성격이라면 위험을 감수하더라도 큰 수익을 낼 수 있는 투자방법을 선택해야 한다.

반대로 내성적인 성격의 소유자라면 최대한 위험을 줄이면서 조그만 수익이라도 계속 낼 수 있는 방법을 찾아야 한다. 주식투자라고 하는 것도 어차피 사람이 하는 것이기 때문에, 내 성격에 맞는 투자방법을 선택해야만 투자효과가 클 것이기 때문이다.

| 직접투자와 간접투자 |

간접투자에 있어서도 마찬가지다. 코스피지수의 상승폭만큼 수익을 내고 싶으면 인덱스펀드에 가입하는 것이 좋다. 인덱스펀드란 주가지수의 움직임과 비슷한 수익률을 낼 수 있도록 시가총액 비중이 큰 종목을 주로 편입해 운용하는 펀드이다. 인덱스펀드는 국내에서는 그동안 큰 관심을

끌지 못했지만, 미국의 경우 2002년 새로 설정된 펀드의 40 %를 차지할 정도로 큰 인기를 끌고 있는 상품이다.

이론적으로 모든 상장종목을 시가총액 비중에 따라 편입하면 주가지수와 똑같은 수익을 낼 수 있다. 하지만 이 방법은 매매 수수료와 거래세 등 비용 면에서 그리 바람직하지 못하고, 한 펀드 내에서 단일종목 편입비율이 10 %로 제한되어 있는 한계 때문에 어려움이 많다. 삼성전자와 같이 시가총액 비중이 10 %가 넘는 종목은 그 초과분을 편입시키지 못하기 때문이다. 그래서 시가비중이 높은 종목 위주로 포트폴리오를 적절하게 구성해 펀드매니저가 운용한다.

아무리 상승기라도 개인투자자들이 주가지수 상승률만큼의 수익을 내기란 힘든 일인 만큼, 종합주가지수의 흐름을 그대로 따라가 높은 수익을 올릴 수 있다는 것이 인덱스펀드의 장점이다. 또한 하락기에는 종합주가지수보다 덜 하락하는 이점도 있다.

물론 특별히 관심 있는 분야가 있으면, 그 분야에 집중적으로 투자하는 펀드를 선택할 수도 있다. 만약 주식으로 수익이 나는 부분을 일정 부분 향유하고는 싶지만, 손실은 절대 보기 싫은 경우에는 ELS상품을 이용할 수도 있다.

ELS는 대부분 국공채에 투자를 하고, 나머지 일부로 파생상품에 투자하는 시스템이다. 최악의 경우에도 미리 약속한 금액은 보장받고, 주가가 오르면 증권사가 제시한 수익률을 받을 수 있는 상품이다. 이 상품의 최대 장점은 손실을 보지 않는다는 점이다. 주가가 아무리 하락해도 원금손실이 발생하지 않는다. 하지만 그 수익에는 제한이 있어 큰 폭의 수익을 기대하기는 힘들다. 그래서 최근에는 어느 정도까지의 손실을 감수하면 수익이 크게 늘어날 수 있는 상품도 설계되어 시판중이다.

직접투자를 하든 간접투자를 하든 중요한 것은 본인의 투자성향과 조건에 맞추는 것이라고 강조하는 점은, 주식투자에 성공한 고수들의 공통된 지적이었다.

왕초보 주식투자 시크릿

목표수익률을 명확하게 한다

성공투자자는 주식시장에 자신의 자산을 일부
묻어두는 것이라고 생각한다. 그리하여 시세차익보다는
회사의 발전 가능성에 무게를 둔다.

투자에 성공한 고수들에게 있어서 투자금은 당장 필요한 돈이 아니며,
장기간 필요 없는 돈이다. 심하게 얘기하면 죽을 때까지 쓸 일이 없는 돈
일 수도 있다. 그러다 보니 생각 자체가 장기적이다. 일반인들이 주가의
흐름에 일희일비할 때 고수들은 평가내역만 보고 지나친다.

주식은 행동은 민첩하되 생각은 느긋한 사람이 유리한 게임이다. 이런
맥락에서 본다면 장기투자를 할 줄 아는 주식투자 고수들의 승률이 높은
것은 당연하다. 굳이 수익률을 정하는 경우에는 보통 50 % 정도를 목표로
잡고 있었다. 이 정도 수익률은 사실 장기투자만으로 가능한 수치이기 때
문에 개인투자자들은 감히 넘보지 못할 수치이다.

초일류주의 경우에는 100 %가 넘는 수익률에도 계속 보유하고 있는 경
우가 많다. 이런 경우는 굳이 수익률에 큰 신경을 쓰지 않는다. 16만 원에

산 삼성전자가 40만 원이 넘어가도 그냥 보유하고 있는 경우도 있다. 물론 장 자체가 하락국면으로 진입하면 매도해 현금화하는 경우도 있지만, 가능하면 그냥 보유하려고 하는 특성이 강하다.

이런 점에서 주식투자 고수들과 개인투자자의 차이점을 확실히 느낄 수 있다. 성공투자자는 주식시장에 자신의 자산 일부분을 묻어둔다고 생각한다. 그래서 시세차익에 대한 욕심보다는 투자하고 있는 회사 자체의 가능성에 초점을 둔다.

하지만 개인투자자는 회사의 가능성보다 오로지 시세차익에 몰두하는 경향이 짙다. 왜냐하면 주식투자에 투입한 돈을 언제든지 철수할 생각을 갖고 있기 때문이다. 한 사람은 '내 자산을 배분하는 금융 메커니즘의 한 방편'이라 생각하고, 또 한 사람은 '시세차익을 노리고 잠시 들어왔다가 빠져나갈 방편'으로 생각하는 것이다.

왕초보 주식투자 시크릿

주식을 팔고 난 후 대응하는 방법

주식투자에 성공한 고수는 자기 나름대로 목표 수익률을 정한다.
그 정한 목표 수익률 내외에서 10% 정도의 변동구간을
두고 그 사이에서 적절하다고 생각하면 매도한다.

주식을 팔고 난 후의 대응법도 차이가 난다. 주식투자 고수들은 매도한 그 종목을 잊지 않는다. 그래서 그 종목이 충분히 하락했다고 판단하면 다시 그 종목을 매수한다. 하지만 개인투자자는 그렇게 애정을 가지고 지켜보았던 종목이라도 매도하면 금방 잊어버린다. 그리고 새로운 종목을 찾아 나선다.

하지만 본인이 보유했던 종목이 수익이 나서 매도할 정도가 되면, 다른 종목도 어느 정도의 시세상승이 이루어진 경우가 많다. 따라서 A라는 주식을 매도하고 금방 B라는 주식을 매수하는 것보다는, 다시 A주식의 매수 타이밍을 잡는 것이 더 유리한 경우가 많다.

주식투자에 성공한 모 고수는 자기 나름대로의 목표수익률을 정했다. 그가 정한 목표수익률은 50 %다. 사실 정확히 50 %도 아니고, 이렇게 판

단하는 뚜렷한 이유도 없다. 어떤 때는 40 %의 수익을 내고 팔기도 하고, 또 어떤 때는 60 %의 수익을 내기도 한다. 분명한 것은 50 %를 기준으로 아래 위 10 % 정도의 변동구간을 두고, 그 사이에서 적절하다고 판단하는 시점에 매도하는 것이다.

이렇게 50이란 숫자를 나름대로 활용하는 이유는 주식시장의 잔파도에 흔들리지 않으면서 수익도 챙길 수 있기 때문이다. 즉 10 % 미만의 수익률을 목표로 하면 잔파도에 신경을 써야 하고, 100 % 이상의 수익률을 목표로 하면 매매를 거의 하지 못해 재미가 없다는 것이다.

또한 그는 우량주에만 투자한다. 자금여유가 많아서인지 특이한 손절매 원칙을 세워 놓았다. 보통 손절매는 손실률이 10 % 수준을 넘어가지 않는 것이 보통인데, 그의 손절매 원칙은 이런 기술적인 면이 아니라 기업 자체에 대한 평가였다.

본인의 판단으로 기업 내재가치의 변화가 없는데 주가가 빠진다면, 손실을 보더라도 그냥 보유하는 편이었다. 하지만 기업 내재가치에 변동이 생겼다는 나름의 판단이 서면 20 %, 30 %의 손실을 보고서도 매도했다. 심지어는 50 %의 손실을 보면서 매도한 경우도 있었다.

주식이 반토막나면 개인투자자들은 그냥 방치하는 경우가 대부분이다. 그리고 그 종목에 대해 생각하는 것 자체에 짜증을 낸다. 하지만 그래도 내 재산이기 때문에 이런 짜증은 잠시 접어두는 편이 현명하다.

　부자투자자들은 이런 짜증을 덮을 줄 알고, 그래서 현명한 판단을 내릴 줄 아는 사람들이다.

증시의 자금 동향을 파악한다

고객예탁금은 후행성격이 강해 코스피가 일정기간 또는
일정부분 상승한 후에야 고객예탁금이 증가하는 경향이 있다.

기본적으로 주가는 수요와 공급의 원칙에 따라 움직인다. 이 중 수요 부분의 대표적인 것이 주식을 사기 위해 대기하고 있는 고객 예탁금과 주식형수익증권의 잔고이다. 주식투자 고수들은 자금 동향을 파악하기 위해 고객예탁금과 주식형수익증권의 잔고를 항상 주시한다.

이에 비해 개인투자자들은 이러한 자금시장 동향에 둔감한 편이다. 특히 초보투자자들은 고객예탁금이라는 게 있는지, 이것이 무슨 돈인지조차 잘 모르는 경우가 많다.

주식투자 고수들이 자금 동향을 파악할 때 가장 먼저 보는 것은 역시 고객예탁금이다. 고객예탁금은 주식을 사기 위해 개인투자자들이 증권회사에 맡겨 놓은 돈이다. 종합주가지수가 낮을 때에는 고객 예탁금도 낮고, 종합주가지수가 높을 때에는 고객예탁금도 높다. 다만 고객예탁금은 후

행적인 성격이 강해 코스피가 일정 기간, 그리고 일정 부분 상승하면 그때서야 고객예탁금이 증가하고, 코스피가 일정 부분 하락한 이후에 감소한다.

고객예탁금이 일시적으로 큰 폭 증가할 때는 그 날이 공모주 환불일인지 아닌지 확인해 보아야 한다. 공모주 환불금이 모두 위탁자 예수금으로 들어와 고객예탁금이 늘어나 보이는 착시현상이 종종 발생하기 때문이다.

최근 10여 년 동안의 코스피와 고객예탁금을 비교해 보면 주가가 1,200선 이하에서는 고객예탁금의 증가가 눈에 띄지 않았다. 하지만 주가가 1,400선이 넘어서면 일부 발빠른 개인투자자들의 개입으로 고객예탁금이 소폭 증가하고, 2,000선이 넘으면 큰 폭으로 증가하는 경향이 있었다. 그래서 주로 1,400선 이하에서는 외국인들이 매수에 나서는 국면이 전개되고, 2,000선이 넘으면 개인투자자들의 활발한 매수가 전개되는 양상을 보이곤 했다.

주식형수익증권의 잔고도 고객예탁금과 비슷한 모습을 보인다. 지수가 700선 이하에서는 큰 증가세를 보이지 못하지만, 지수가 800을 지나 900을 넘어서면 주식형 수익증권의 잔고가 크게 늘어난다.

특이한 사항은 750선대에서는 일시적으로 주식형수익증권의 잔고가

줄어들기도 한다는 점이다. 왜냐하면 750선이라고 하는 지수대는 개인 투자자나 법인투자자들이 주식형수익증권을 매수했다가 손실을 본 후 다시 원금을 회복하는 지수대이기 때문이다. 그 동안의 손실 때문에, 마음 상했던 아픈 기억 때문에 원금 근처가 되면 일단 매도해서 원금을 챙기려고 하는 심리가 강해진다. 그래서 이 가격대에는 환매요청이 많이 들어오고, 그러다 보니 주식형수익증권의 잔고가 일시적으로 감소세를 보이는 것이다.

지수대별 개인투자자의 동향

지수대별로 고객예탁금이 늘어나는 시기, 주식형수익증권이
늘어나는 시기를 예의주시하면서 투자에 임하는 사람들이
바로 주식부자들이다.

　주식시장을 바라보는 개인투자자들의 시각은 지수대별로 차이가 많이
난다. 1,300대 이하의 지수대에서 주가가 움직일 때는 대부분의 개인투
자자들이 손실을 보고 있는 상황이다. 그래서 주식시장에 대해 아주 냉
소적인 반응을 보이기 쉽지만, 사실 이 지수대에서 참여하면 이익을 낼
확률이 매우 높다. 코스피가 1,100대 이하일 때 우량주를 가지고 있다면
짧은 매도 타이밍은 아예 생각하지 않는 것이 현명한 투자방법이다. 과
거의 경험상 이 지수대에서 매수한 주식은 상당한 수익을 올려 주었기
때문이다.

　코스피가 1,300대가 되면 이제 시장에 대한 기대감이 조금씩 고개를 들
기 시작한다. 하지만 그 동안의 하락에 대한 공포 때문에 쉽게 시장에 접
근하지 못한 채 경계심을 가지고 지켜보기만 한다.

코스피가 1,500대가 되면 그 동안의 손실폭을 어지간히 만회한 상황이기에 갈등이 되는 시기이다. "여기서 주식을 팔아 본전하고 떠나야 하는가? 아니면 좀더 초과수익을 올려야 하는가?"하며 갈등한다.

1,700대가 되면 그 동안 주식시장을 회의적으로 지켜보던 개인투자자들이 확신을 가지고 참여한다. 또한 주식형수익증권의 잔고도 급격히 늘기 시작한다. 그래서 이때부터의 장에서는 개인투자자와 기관투자자의 매수규모에 따라 주가의 등락폭이 결정되곤 한다.

2,000선대로 올라가면 그 동안 주식시장에 관심이 없었던 사람들도 주식시장에 참여한다. 선무당이 사람 잡는다고 이 때 참여하는 사람들은 아주 공격적이다. 그래서 큰 수익을 내기도 하지만, 장이 꺾이면 오히려 큰 손실을 보기도 한다.

이렇게 지수대별로 고객예탁금이 늘어나는 시기, 주식형수익증권이 늘어나는 시기를 예의주시하면서 투자에 임하는 사람들이 바로 주식부자들이다.

왕초보 주식투자 시크릿

미국 주식시장의 흐름을 인지한다

전일 미국시장이 폭등하면 외국인들의 매수강도가 강해지고,
미국시장이 폭락하면 외국인들의 매도강도가 심해지는 경우가 많다.

경기도 광명에 사는 진씨는 D일보 논설위원을 지낸 인텔리 노인이다. 영어도 유창하게 구사하는 진씨는 매일 새벽 6시면 인터넷으로 미국 주가의 동향을 파악한다. 미국 주가가 어떤 흐름을 보였느냐를 파악하고 난 뒤에 우리 주식시장의 흐름을 예측하곤 한다.

이처럼 외국인들의 동향을 미리 알아볼 수 있는 것이 전일 미국시장의 동향이다. 전일 미국시장이 폭등하면 외국인들의 매수강도가 강해지고, 미국시장이 폭락하면 외국인들의 매도강도가 강해지는 경우가 많기 때문이다.

이런 미국시장의 흐름을 조금이라도 미리 알아보기 위해 부자투자자들은 '나스닥 선물지수'를 관찰한다. 나스닥 선물지수는 거래량이 많지 않다는 단점이 있으나, 다음날의 미국시장을 알아보기 위한 유용한 자료로 많이 이용되고 있다.

미국시장의 동향과 아울러 주가 그래프를 볼 때 달러와 연관지어 관찰하는 부자투자자들이 많았다. 이는 우리나라 주식시장에서 큰 힘을 발휘하는 외국인 투자자의 입장이 되어 보는 것이다.

사실 외국인 투자자의 입장에서는 주가상승과 더불어 환율에도 신경을 곤두세워야 한다. 환율의 하락폭이 주가의 하락폭보다 더 크면 주가의 하락에도 불구하고 이익이 나겠지만, 주가의 상승폭보다 환율의 상승폭이 더 크면 주가의 상승에도 불구하고 손실을 보기 때문이다.

따라서 실제 달러 환율을 종목 그래프에 반영한다면 외국인들의 정확한 이익이나 손실규모를 알 수 있기 때문에 이러한 그래프를 참고하곤 한다. 이때 달러로 환산된 그래프는 가격표시를 '원'으로 하지 않고 '달러'로 한다.

이런 미국시장의 동향에 독립적으로 영향을 미치는 것이 북핵문제와 연관된 '국가 리스크'이다. 지정학적 위험이라고도 얘기하는 이 변수는 우리나라 주식시장의 디스카운트 요인 중의 하나로 손꼽힌다.

어찌 되었든 천안함 사건이나 연평도 도발 같은 사건이 불거질 때마다. 그리고 오바마 미국 대통령의 대북 강경발언이 있을 때마다 이러한 위험으로 주가가 요동을 치곤 하는데, 이때만큼은 미국시장의 동향이 영향을 미치지 못한다.

왕초보 주식투자 시크릿

외국인을 주시한다

외국인과 기관이 동시에 매입하는 종목이라면 어떤 호재가
전문가에게 감지되었다고 볼 수 있기 때문에 주가 상승률이
매우 높다고 할 수 있다.

외국인들의 매매패턴을 주시해야 하는 예로 1998년 초겨울에 일어났던 외국인 투자자들의 매매패턴을 들 수 있다. IMF 이후 종합주가지수는 하염없이 하락해 300선마저도 붕괴했고, 그 후 초겨울까지 300대에서 지루하게 움직이고 있었다.

이런 상황에 11월부터 외국인 투자자들의 매수세가 계속 이어졌고, 지수는 400, 500, 600대를 차례로 돌파했다. 당시 많은 국내투자자들은 외국인들이 왜 저렇게 미친 듯이 주식을 사들이는지 아무도 몰랐고, 이를 매도의 좋은 기회로만 생각했다.

하지만 외국인들이 이렇게 주식을 사들인 이유는, 바로 '국가신용등급 투자적격 상향' 이라는 초대형 호재 때문이었다. 이 발표가 있고 난 후 그제서야 국내투자자들은 "아, 그래서 외국인 투자자들이 주식을 마구 사들

였구나."하고 알게 되었다. 이렇듯 외국인들의 매매가 국내 증시에 많은 영향을 미치고 있는 것이 현실이다.

간혹 외국인들의 집중적인 매수에도 불구하고 오히려 주가가 하락하거나 횡보하는 경우가 있다. 이런 경우에는 별다른 하자가 없는 한 매수를 고려해 봐도 좋다. 우리나라 주식시장의 40%를 차지하고 있는 사람은 외국인들이고, 장세를 이끌고 있는 것 또한 이들이라는 점에서 외국인들의 매수세가 지속적으로 유입되면 지금 당장은 못 오르더라도 지나고 보면 오르는 경우가 허다하다.

특히 외국인과 기관이 동시에 매수에 임하는 종목이라면 어떤 호재가 전문투자자에게 감지되었다는 것으로 해석할 수 있기 때문에 주가상승 확률이 매우 높다고 할 수 있다.

그래서 매일매일 경제신문의 외국인 투자자 동향, 기관투자자 동향을 눈여겨 보고 있다가 매매에 임하는 부자투자자들도 많다. 또한 주말에는 경제신문에서 제공하는 주간 동향을 참고하고, 월말에는 증권사에서 제공하는 리포트 자료를 참고하는 부자투자자들도 많이 있다.

실제로 외국인들이 많이 사고 판 주식일수록 주가 상승률이 높다는 결과가 수치로 확인된 바 있다. 최근 5년간 외국인들의 매매 비중이 30%가 넘은 종목들의 평균 수익률은 28%로서, 종합주가지수 상승률 20%보다

8% 높게 나타났다.

반면 외국인 매매 비중이 1% 미만인 신토불이 종목의 상승률은 종합주가지수의 상승률에도 미치지 못했다. 이러한 수치만 보아도 개인투자자들이 많은 관심을 가지고 있는 신토불이 종목보다는, 부자투자자들이 관심을 가지는 '외국인 선호주'가 투자에는 더 적합하다고 할 수 있다.

| 검은머리 외국인을 조심하라 |

그 동안 코스닥시장에서 인터넷 종목이나 업종 대표주 중심으로 선별적인 매수에 나섰던 외국인들이, 자본금이 적고 성장성이 좋은 중소형 종목 중심으로 매수에 나서는 경우도 있다. 물론 이렇게 매수에 나서는 종목들에 대해서는 직접 그 회사를 방문하기도 하고, 직원들과 직접 면담하기도 하는 등 선별작업을 거치게 된다.

이러한 종목들의 경우에는 외국인들이 매수하면 곧바로 개인들이 따라 사는 경향이 많기 때문에 주가의 탄력성이 높아지게 된다. 하지만 주의해야 할 점도 있다. 이렇게 중소형 종목들을 집중 공략하는 외국인들은 대부분이 헤지펀드로서, 목표수익률을 정해 일정 수준에 도달하면 일시에 매도한 후 또 다른 종목을 공략하는 경우가 많기 때문이다.

다른 주의점으로는 '검은머리 외국인'이다. 검은머리 외국인이란 국내

투자자가 홍콩, 말레이시아, 아일랜드, 버뮤다, 라부안 지역 등과 같은, 자금 출처를 묻지 않는 외국에 역외펀드를 설치해 놓고 거꾸로 한국 증시에 투자하는 사람을 말한다.

이 역외펀드로 국내 주식시장에 투자할 경우 외국법인의 투자로 인정받게 되어 외국인의 거래가 되어 버린다. 즉 실제 주인은 검은 머리 한국인인데, 무늬만 외국인이어서 검은머리 외국인이라고 하는 것이다. 이런 검은 머리 외국인들이 특정 종목을 산다고 따라 샀다가는 낭패를 당하기 쉽다.

또 한 가지 외국계 증권사의 주문이 모두 외국인으로부터 나오는 것은 아니라는 점이다. 외국계 증권사를 통한 대량 매수를 외국인의 집중매수라고 착각해 주가가 급등했다가, 외국인이 아닌 내국인의 주문으로 밝혀져 도로 급락한 경우도 있다.

9

SECRET

주식투자, 시장에 순응하면 이긴다

환율과 유가, 그리고 주식

개인투자자에게는 약간 생소한 환율에 대해 주식부자들은
많은 관심을 가지고 있다. 증권시장에 미치는 환율의 영향은 실로 엄청나다.

원-달러 환율이 1천200원이면 1달러에 1천200원을 교환한다는 것이고, 원-달러 환율이 1천100원이면 1달러에 1천100원을 교환한다는 것이다. 이렇게 원-달러 환율이 1천200원에서 1천100원으로 하락한 것을 환율이 하락했다고 한다. 환율이 하락했다는 것은 원화가치가 상승했다는 뜻으로, 달리 말해 원화강세 · 달러약세로 얘기할 수도 있다.

압구정동에 사는 조박사의 두 자녀는 모두 미국에 유학중이다. 아이들에게 학비를 보내주어야 하는 조박사는 늘 필자에게 환율이 어떻게 될 것인지 자문한다. 환율의 변동에 따라 보내주는 돈도 달라지기 때문이다. 이렇게 환율에 관심을 많이 가지고 있다 보니 환율의 변화가 기업의 수익에는 어떤 영향을 미치고, 어떤 종목이 환율의 변동에 영향을 받는지에 대해서도 미리 학습이 되어 있다.

개인투자자에게는 약간 생소한 환율에 대해 부자투자자들은 많은 관심을 가지고 있었다. 실제로 IMF 때 달러에 투자해 큰 이익을 남긴 사람도 있고, 어느 정도의 달러를 비상금으로 여기고 있는 사람들도 있어서 환율에 대한 관심이 남달랐다.

이에 비해 개인투자자들은 환율이라고 하는 것을 경제학시간에나 배우는 용어로밖에 생각하지 않는다. 사실 국내에만 있으면 환율에 대해 별로 생각해야 할 필요가 없다. 일반인들이 환율을 피부로 느낄 때는 해외여행 갈 때가 고작인데, 그나마 해외여행 갈 일이 별로 없는 개인투자자로서 환율은 그야말로 남의 나라 이야기에 불과할 뿐이다.

하지만 증권시장에 미치는 환율의 영향은 실로 엄청나다. 2003년 9월 G7 재무장관회의에서 아시아권 국가의 보다 유연한 환율정책을 요구하자, 일본이 외환시장 개입을 중단할 것이라는 추측이 확산되면 엔 · 달러 환율이 급락했고, 원 · 달러 환율도 하루만에 16.8원이 폭락하면서 주가 역시 33.3포인트 폭락했다.

| 환율 수혜 업종부터 파악하자 |

환율이 하락하면 원재료 수입비중이 높으면서 수출비중이 낮은 기업들이 유리할 수밖에 없다. 왜냐하면 똑같은 1달러어치를 수입해 오면서 예

전에는 1천200 원 지급하던 것을 1천100 원만 줘도 되기 때문이다.

이에 해당하는 업종으로는 음식료, 철강, 비철금속, 제지, 항공업종 등을 들 수 있다. 음식료업종은 원재료 도입단가가 낮아져 영업부문의 수익성이 좋아지고, 외화부채가 많은 일부 업체는 외화환산이익까지 겹치게 된다. 항공업종은 유류비, 임차료 등과 같은 높은 외화비용 구조와 환율하락으로 인한 여행수지 증가 등으로 수혜가 예상된다.

기업별로 살펴보면 농심, 하이트맥주, 삼양제넥스, CJ, 아세아제지, 수출포장, 동국제강, POSCO, INI스틸, 대한항공 등이 수혜종목이다. 또한 달러표시 외화부채가 많은 기업들은 환율하락에 대한 부채비율 감소 효과와 경상이익 개선 효과를 함께 누릴 수 있다. 외화부채를 많이 가지고 있는 업종은 해운, 항공, 철강 쪽이다.

수출업종은 피해를 볼 수밖에 없다. 1달러로 1천200 원을 받던 것을 1천100 원밖에 못 받기 때문이다. 그래서 수출업종과 외화자산이 많은 업체는 피해 업종과 피해 종목이 된다. 대표적인 피해 업종은 조선, 전자부품 업종이고, 피해종목으로는 효성, 이수화학, 화인케미칼, 삼성중공업, 현대중공업, 삼성SDI, LG상사 등이다. 반대로 환율이 상승하면 원재료 수입비중이 낮으면서 수출비중이 높은 기업과 외화부채가 없는 기업들이 혜택을 보게 된다.

환율에 대한 이러한 지식과 관심은 부자투자자들의 공통된 사항이다. 개인투자자들이 어렵다고만 생각하고 외면할 때 부자투자자들은 공부하는 자세로 주가를 분석한다.

| 유가에 주목한다 |

2003년에 있었던 미국과 이라크의 전쟁 때 일부 서방 언론에서는 석유 1배럴에 100달러까지 상승할 것이라는 과장 섞인 보도를 한 적이 있다. 다행히 전쟁이 끝나고 유가는 하향 안정세를 보이고 있지만, 유가의 움직임 또한 부자투자자들에게는 큰 관심거리다. 2003년 9월에는 환율하락으로 주가가 이틀 동안 23.70포인트 폭락하는 약세를 시현하기도 했다.

일반적으로 유가가 상승하면 국내 물가상승으로 이어지고, 이는 다시 무역수지 악화, 경제성장률 저하로 이어진다. 우리나라같이 원유를 100% 수입에 의존하는 나라에서 유가의 상승은 경제의 큰 걸림돌이 되고, 유가의 하락은 경제호황으로 이어지는 경우가 많다. 1980년대 중반에 찾아온 3저 현상으로 경제호황을 맞았고, 종합주가지수가 125포인트에서 1,007포인트까지 상승한 기록도 있다.

에너지경제연구원에 따르면 유가가 배럴당 1달러 상승하는 경우 소비자 물가는 0.15%, 무역수지는 −7.5억 달러, 경제성장률은 −0.1%의 악영향을 미친다고 한다.

　이러한 유가의 변동을 잘 파악하고 있으면, 어떤 종목을 선택해야 할지 그 노하우를 알 수 있다. 유가가 상승하면 유조선에 대한 선사들의 발주심리를 자극할 수 있기 때문에 조선업체에 유리하다. 수혜기업은 현대중공업, 대우조선, 삼성중공업 등이다. 또한 해외 유전개발업체들이 관심종목으로 부각되곤 하는데 현재 동원, 삼환기업, 현대상사 등이 해외유전사업에 참여하고 있다.

　반대로 유가의 하락은 국내 경제에 긍정적인 영향을 미친다. 전통적으로 유가하락의 수혜업종은 전력, 운수장비, 석유화학업종이다. 종목별로 살펴보면 한국전력, 대한항공, 아시아나항공, 한진, 대한해운, 한진해운, 현대자동차, 대한통운, 천일고속, LG화학, 이수화학, 호남석유화학 등이 포함된다.

투자해야 할 시점 파악하는 요령

주식투자 고수들은 주가가 더 이상 오르지 못하고
거래량이 점점 줄어드는 상투권의 징후나, 주가가 더 이상 하락하지 않으면서
거래량이 점점 늘어나는 바닥권의 징후가 나타나면 절대로 머뭇거리지 않는다.

주식투자를 자산의 효율적인 관리를 위해 운용하는 것이 주식투자 고수들의 속성이다. 그래서 주식시장에 참여하는 자세에 있어서도 자산을 폴 베팅 한다든지, 아니면 아예 외면하는 극단적인 모습을 보이는 경우는 별로 없었다. 그래서 주식투자 고수들은 주식시장의 변화에 따라 그 투입 금액을 달리 하는 경향이 있었다. 즉 추세가 상승세로 바뀌었다고 판단되면 투자금액을 늘리고, 하락세로 바뀌었다면 투자금액을 줄이곤 했다.

이에 비해 개인투자자들의 경우는 보유자산을 모두 주식에 투자하는 경우가 종종 보인다. 이렇게 자산을 모두 투자했다가 손실을 보면 대응할 수 있는 여분의 자금이 없기 때문에 당황하기 쉽다. 또 주식투자에 실망할 경우 투자자금을 모두 회수하는 경우가 대부분이다. 이렇게 투자자금을 모두 회수해 버리면 시장을 객관적으로 보지 못하고 비관적으로 볼 확률이

커진다. 그러다 보면 매수 타이밍을 놓치기 일쑤이다.

주식투자 고수들이 투자 규모를 늘리거나 줄이는 시기는 어떻게 보면 단순한 방식일 수도 있다. 즉 종합주가지수가 저점 대비 10% 이상 오르면 투자규모를 늘리고, 고점 대비 10% 이상 하락하면 투자 규모를 줄이기 시작한다. 주가라고 하는 것이 매일, 매시간, 매초마다 변하는 것이지만, 이렇게 큰 흐름을 놓고 생각해 보면 오히려 간단하게 답이 나오는 경우도 많다. 이는 종목에 대한 투자에서도 마찬가지로 적용된다.

주식투자 고수들이 시장추세를 판단할 때는 주로 이동평균선으로 판단한다. 흔히 20일이동평균선을 단기이동평균선이라고 하고, 60일이동평균선은 중기이동평균선, 120일이동평균선은 장기이동평균선이라고 하는데, 이러한 이동평균선으로 추세를 확인한다.

이동평균선을 관찰하다가 골든크로스나 데드크로스가 나오면, 시장 분위기의 전환을 예상한다. 골든크로스란 단기이동평균선이 장기이동평균선을 상향 돌파할 때이고, 데드크로스는 단기이동평균선이 장기이동평균선을 하향 돌파할 때이다. 물론 거래량의 변화도 함께 눈여겨 본다. 거래량이 늘면서 골든크로스가 발생하면 투자금액을 늘리고, 거래량이 줄면서 데드크로스가 발생하면 투자금액을 줄이는 식이다.

또한 주식투자고수들은 주가가 더 이상 오르지 못하고 거래량이 점점 줄어드는 상투권의 징후나, 주가가 더 이상 하락하지 않으면서 거래량이 점점 늘어나는 바닥권의 징후가 나타나면 절대 머뭇거리지 않는다. 그 외에 고객예탁금의 변화, 주식형수익증권의 변화, 외국인들의 선물과 콜매수에 대한 비중, 선물시장에서 벵시스의 폭등도 꼭 확인하는 사항이다.

| 주가차트의 환율 |

주식투자고수들은 로그차트를 참조한다. 1만 원에서 2만 원으로 갈 때와 2만 원에서 4만 원으로 갈 때는 둘 다 분명히 100% 상승인데, 그래프를 보면 전자보다 후자가 훨씬 가파른 모습을 보인다. 이런 그래프의 오류를 피하기 위해 로그차트를 활용하곤 한다. 로그차트를 이용하면 '1만 원 → 2만 원', '2만 원 → 4만 원'이 같은 크기로 나타난다. 즉 같은 상승률은 같은 크기로 표시되는 것이다.

명동에서 사채업을 하면서 주식투자를 하는 모씨는 로그차트를 자주 이용하는 편이다. 젊은 나이답게 올라가는 주식에 과감하게 베팅해 큰 수익을 자주 낸다. 그가 로그차트를 이용하는 이유는 일반 그래프만 보면 상승폭이 실제보다 너무 가파르기 때문에 매수를 망설이지만, 로그차트로 보면 상승폭이 정확하게 나타나 과감하게 매수 주문을 낼 수 있기 때문이다.

최적의 타이밍

주식투자 고수들은 경기 회복에 대한 단서가 잡히면
바로 실행에 옮기는 과감성을 지니고 있다. 이런
과감성 있는 실천력이 돈을 버는 비결이다.

주식시장은 경기에 민감하다 보니 뚜렷한 경기회복 신호가 나타날 때까지 기다리는 것은 현명하지 못하다. 누구나 알 수 있을 정도로 경기가 회복되었다면 이미 기업의 이익 모멘텀은 상승세를 보이고 있을 것이고, 주가 또한 상승한 다음일 것이기 때문이다.

돈을 벌지 못하는 개인투자자는 경기회복 여부가 확인될 때까지 적극적인 주식시장 참여를 미루는 경향이 있다. 이제나 저제나 기회만 엿보다가 실제 행동으로 옮기지는 못한다. 그래서 기회만 엿보는 것으로 투자는 끝나 버린다.

하지만 주식투자 고수들은 경기회복에 대한 단서가 잡히면 바로 실행에 옮기는 과감성을 가지고 있다. 과감하게 행동으로 옮기는 이러한 실천력이 바로 주식투자고수들이 돈을 버는 비결이다.

주식시장이 바닥권임을 나타내는 확실한 지표는 항상 지나고 나서 보이는 법이다. 그래서 이런 지표들을 모두 확인한 다음에 투자하려면 절호의 기회를 놓치기 쉽다. 그래서 바닥권임을 피부로 느끼는 동물적인 감각이 꾸준한 돈 공부에서 비롯되는 것은 당연하다. 부자투자자들의 노하우를 정리해 보면 바닥권에서는 대충 다음과 같은 일들이 벌어진다고 한다.

| 바닥권에서 볼 수 있는 징후들 |

첫 번째로는 일간지 1면 머릿 기사로 '증시 붕괴'와 같은 섬뜩한 문장이 실리는 경우이다. 여기에 덧붙여 주식투자로 누군가 비관자살을 했다는 기사가 나오면, 비정하지만 거의 확신의 수준에 들어간다. 다만 자살한 사람이 현물에서 손실을 보았는지 선물옵션에서 손실을 보았는지 알아보는 것이 필요하다고 한다.

현물에서 손실을 보았다면 거의 확실한 바닥권이라고 생각하지만, 선물옵션에서 손해를 보았다면 바닥권과는 별 관계없이 생각한다. 선물옵션이란 주가가 폭락했다고 해서 무조건 손해 보는 시스템이 아니기 때문이다.

현물투자에서 자살할 정도로 손실이 막심하면, 거의 바닥권에 도달했다는 것이 경험적으로 증명된다.

두 번째는 좋은 호재가 나와도 투자자들이 뜨거운 반응을 보이지 않고 냉소주의에 빠지는 경우이다. 주가가 장기간 지속적인 하락세를 보이다 보니 상승에 대한 확신을 가지지 못해 이런 경우가 생긴다. 하지만 악재에는 민감한 반응을 보여 주가의 장중 등락폭이 심해지는 경향이 있다. 매물 자체가 적다 보니 조그만 매수세에도 주가가 쉽게 오르지만, 냉소주의에 빠진 투자자들이 매도물량을 늘려 주가가 다시 내리고 마는 과정이 반복된다.

세 번째는 선물거래대금이 늘어나는 경우이다. 현물에서 더 이상 재미를 보지 못한 투자자들이 선물투자로 방향을 선회하다 보니, 현물의 거래대금에 비해 선물의 거래대금이 늘어나게 된다.

네 번째는 중소형주로 빠른 순환매가 이어지는 경우이다. 대형주가 움직일 만큼 많은 거래량이 뒷받침되지 않기 때문에, 적은 거래량으로도 주가의 움직임이 가벼운 중소형주 중심의 순환매가 이루어진다. 시세의 연속성에 대한 확신이 없기 때문에 상승세가 이어지지 못하고, 테마주 중심으로 빠르게 이동하는 경향이 있다.

바닥의 가장 중요한 판단근거는 정부의 계속되는 증시부양책이다. 주가 폭락을 막으려는 정부의 첫 번째 노력은 대부분 실패로 끝난다. 그리고 다시 주가하락이 이어지고 두세 번 정도의 부양책이 연이어 나오면, 그때가

주식투자 시장에 순응하면 이긴다

거의 확실한 바닥이 된다.

부자투자자들이 생각하는 이런 징조들은 사실 논리적인 근거가 있는 것도 있고, 그냥 경험적으로 느끼는 부분도 있어서 '꼭 이렇다'고 못박을 필요는 없다. 더구나 작금의 증시환경은 10여 년 전과 분명 다르기 때문에 현재의 증시상황과 맞지 않는 부분도 있다.

하지만 중요한 것은 추세를 판단하고 바닥을 확인하는 데 나름대로의 기준이 있는 경우가 그렇지 못한 경우보다 훨씬 더 투자에 도움이 된다는 사실이다.

왕초보 주식투자 시크릿

자신에게 맞는 투자원칙을 찾는다

주식투자 고수들은 자신이 정한 원칙을
확고히 지키는 사람이다. 이렇게 원칙을 지키는
것은 본인이 쓰라린 경험을 했기 때문이다.

주식투자고수들은 주식투자를 시작할 때 사업계획서를 짜듯이 나름대로의 원칙을 세운다고 앞에서 얘기한 바 있다. 얼마의 자금을 투입할지, 예비자금은 얼마로 하며 어떻게 운용할지, 어떤 기준에 맞춰 종목을 선택하고, 어느 정도의 수준에서 손절매를 해야 하는지, 이에 대한 원칙을 세워놓고 주식투자를 시작한다.

하지만 개인투자자들의 상당수는 이런 원칙도 없이 친구 따라 강남 가는 식으로 주식투자에 나선다. 부동산투자에서 친구 따라 강남 간 사람은 돈을 벌었겠지만, 주식투자에서는 열에 아홉 쪽박 차기 십상이다. 주식시장은 냉혹하기 그지없는 자본주의가 가장 철저하게 시현되는 곳이기 때문이다.

주식투자고수들은 자신이 정한 원칙을 확고히 지키는 사람들이다. 이렇게 원칙을 지키는 것은 본인의 쓰라린 경험이 있었기에 가능한 것이다. 주식투자고수들이라고 해서 주식투자를 처음부터 잘했을 리는 만무하고, 그런 아픈 기억을 밑거름으로 해서 더욱 원칙에 충실해진 것이다. 하지만 이에 비해 개인투자자들은 원칙에 충실하려고 해도 지킬 원칙이 없다. 그저 조그만 이익에 기뻐 냉큼 팔아버리고, 손실이 깊어갈 때에는 깊은 한숨으로 아픔을 대신한다.

아직도 주식투자의 원칙을 세워 놓지 않고 투자에 임하고 있는 개인투자자라면, 잠시 투자를 접고 나름대로의 원칙을 세울 것을 권고하고 싶다. 물론 이 원칙이라고 하는 것은 '지키기 위해' 있는 것이다. 원칙만 세워 놓고 실행에 옮기지 못한다면 그 원칙은 있으나마나한 문구가 되어 버린다. 본인이 지킬 수 있는 원칙을 정하고 이 원칙에 철저히 충실하는 것. 이것이 바로 부자투자자들의 투자방법에서 배울 수 있는 지혜이다.

투자내역을 정기적으로 점검한다

투자 내역, 즉 투자하려는 회사에 대해서 장기적인 안목으로 그 가능성을 검토한다.

자영업을 하면서 주식투자를 하는 모씨의 경우에는 매주 금요일에 잔고를 평가한다. 잔고내역을 매일 확인하지 않은 것은 수시로 잔고를 확인하면 조바심이 생길 수도 있기 때문이다. 또 이렇게 매주 금요일로 지정해 놓으면 주가가 하락할 때에도 잔고내역을 확인할 수 있기 때문이다.

주가가 하락할 때는 주식투자고수나 개인투자자 모두 잔고 내역서를 보는 것을 기피한다. 주식시장이 좋을 때는 하루에도 몇 번씩 잔고내역을 확인해 보다가도 주식시장이 폭락하면 며칠, 심지어는 몇 주일이나 잔고내역을 거들떠보지 않는다.

이런 어리석음에서 벗어나기 위해서라도 금요일에 한 주간의 주식시장이 마감되면 잔고를 시가로 평가한다. 이 때 종목별로 수익률도 같이 평가하는데 몇 주간 계속 비교해 보아도 실적이 안 좋은 종목은 매도 1순위로 정한다. 그리고 실적이 좋은 종목은 계속 보유한다.

이런 식으로 실적이 좋지 않은 종목을 추리다 보면 결국 잔고내역에는 수익이 난 종목만 남게 되고, 그래서 남들보다 더 나은 수익률을 기록할 수 있게 된다.

장중에 결정하지 않고 장이 마감된 이후에 결정하는 이유는 급변하는 장세에서 행여 실수할 수도 있기 때문이다. 장이 마감된 후에는 차분하게 그래프를 바라볼 수도 있고, 시황에 대해 한 번 더 생각해 볼 마음의 여유도 생긴다.

주식의 고수로 알려진 모씨는 본인이 정한 이러한 투자원칙을 철저히 지키는 것이 바로 주식투자의 정도라고 생각한다.

왕초보 주식투자 시크릿

주식부자가 되기 위한 기술

물타기와 분할매수를
혼동하지 않는다

부자투자자들은 주식투자의 결정적인 기회가
왔을 때 추가로 투자할 수 있는 여력이 있기
때문에 개미투자자들보다 확실히 유리하다.

부자투자자와 개인투자자의 큰 차이점은 역시 투자금액이다. 그리고 더 큰 차이점은 부자투자자의 투자금액은 유동자간의 일부분이고, 개인투자자들은 유동자산의 대부분이라는 점이다. 그래서 주가가 비정상적으로 폭락할 때 부자투자자들은 유동자산에서 다시 투자금액을 투입하지만 개인투자자들은 더 이상 투자할 돈이 없다.

이런 경우 소수의 개인투자자들은 신용을 이용하거나, 주식담보대출 혹은 은행에서 빚을 얻어 투자금액을 늘리기도 한다. 이렇게 되면 본의 아니게 리스크에 노출되는 부분이 그만큼 더 커지게 된다.

여기서 우리가 주목해야 할 부분은 개인투자자들의 이러한 투자자금 확대가 위험자산의 증가로 이어진다는 점이다. 주식투자에 성공하는 비결 중 첫 번째로 꼽는 것이 "빚으로 주식투자 하지 말라."이다. 주가가 폭락했다고 빚을 얻어 투자에 나선다면 위험을 가득 안은 투자가 될 수밖에 없다. 따라서 개인투자자들도 항상 주식투자의 범위를 유동자산의 일정범위 내로 제한하는 지혜가 필요하다.

부자투자자들은 주식투자의 결정적인 기회가 왔을 때 추가로 투자할 수 있는 여력이 있기 때문에 확실히 개인투자자들보다 유리한 위치에 있다. 물론 '물타기'라고 하는 투자방법은 권장할 만하지 못하다.

그러나 초우량주의 경우에는 물타기가 필요할 때도 있다. 개인투자자들이 선호하는 저가주의 경우에는 물타기가 손실을 키우는 원인으로 작용하지만, 종합주가지수가 하락할 때는 덜 빠지고 상승할 때는 더 오르는 초우량주의 경우에는, 때때로 물타기가 평균매입단가를 낮추는 긍정적인 역할을 하기 때문이다.

이러한 물타기는 결정적인 순간을 노리고 있다가 한 번으로 그쳐야 한다. 주가가 계속 하락할 위험을 전혀 배제할 수 없기 때문에 마냥 물타기만을 할 순 없는 노릇이다. 그래서 물타기는 신중하게 생각하고 행동으로 옮겨야 한다.

부자투자자들은 이것을 물타기라고 생각하지 않고 '분할매수'라고 생각한다. 물타기는 이성보다 감정이 앞서서 단순하게 주가의 하락으로 인한 가격의 이점만 보고 판단하지만, 분할매수는 감정을 배제시키고 매수의 기준에 적합한지 객관적으로 분석하고 판단한 다음에 실행하는 것이다.

이런 투자방식은 매도할 때에도 같이 적용되는데, 보유하고 있는 종목을 한꺼번에 모두 매도하지 않고 2~3등분으로 나누어 매도하는 경우가 많았다.

고수들이 사용하는 분할매수, 분할매도 기법

철저하게 분할해서 팔고 분할해서 사기 때문에
이익이 났을 때는 몽땅 투자했을 때보다 물론
적지만, 반대로 손실이 났을 때도 그 규모가 작다.

주식과 돈을 적절하게 보유하기 위해 분할매수, 분할매도 기법을 이용하는 주식투자고수들도 많다. 대부분 초우량주를 중심으로 매매하는 경우인데, 해당 종목에 투자하려는 금액의 절반만 우선 매수한다. 나머지 절반은 현금으로 가지고 있다가 주가가 하락하면 현금의 일부분으로 분할매수하고, 다시 하락하면 또 분할매수를 한다.

반대로 주가가 올라가면 가지고 있는 주식의 일부분으로 분할매도를 하고 다시 상승하면 또 분할매도를 한다. 철저하게 분할해서 사고 분할해서 팔기 때문에, 이익이 날 때에는 몽땅 투자했을 때보다 이익규모가 작고 손실을 보았을 때에도 그 규모가 작다.

개인투자자들은 이런 방법에 대해서 대부분 재미가 없다며 중간에 포기하고 만다. 하지만 주식투자는 '재미있지만 손해 보는' 그런 경우보다

'재미없지만 이익 보는' 경우가 더 낫다. 손바닥 털고 일어설 때 웃을 수 있는 사람이 진정 주식투자 잘한 사람인 것이다.

명절에 가족끼리 화투놀이를 할 때 항상 돈을 따는 사람은 소위 '광'을 파는 사람이다. 재미 때문에 패도 좋지 않은데 놀이에 끼어든다면 아마 손해를 보기 쉬울 것이다. 주식투자고수들은 주식투자도 그렇게 생각을 한다. 비록 물고기가 찌를 무는 짜릿한 기분은 못 느낄지라도 조그만 수익이 누적되어 큰 수익이 된다는 것을 아는 까닭이다.

강남에 사는 모씨는 주식투자 고수로 그녀가 선호하는 전략이 바로 이런 방식이다. 그녀는 철저하게 분할매수와 분할매도 전략을 구사한다. 일단 종목을 선정해 놓은 다음에는 가진 돈의 절반만 주식을 산다. 그러다가 주가가 10% 오르면 보유물량의 20% 정도를 팔고, 10% 빠지면 보유한 현금으로 20%정도를 산다. 이렇게 해 놓으면 주가가 아래위로 50%의 변동폭에서 왔다 갔다 하면서 계속 분할매수와 분할매도가 이루어지는 장점이 있다.

물론 이 방법에도 단점은 있다. 2011년 여름 삼성전자는 945,000원에서 99만 9천 원까지 올라버렸다. 84만 원에 산 주식을 10%씩 상승할 때마다 팔다 보니까 92만 원선에서 모두 팔아버렸다. 이제부터 삼성전자가 올라간다면 그냥 쳐다만 보아야 한다. 하지만 그래도 그녀는 이 방법이 가장

주식부자가 되기 위한 기술

합리적이라고 판단하고 있다. 이런 식으로 투자해 수익을 계속 올리고 있기 때문이다.

주식부자가 되기 위한 기술

'손절매'와 '거꾸로 손절매'

손절매란 어느 시점에 모두 매도하는 것인데 이 시점을 잘 파악하여 과감히 행하는 것이
성공의 지름길이라고 할 수 있다.

주식을 사기 위해 종목 선정과 매수 타이밍을 엿보는 것은 주식투자고
수나 개인투자자나 다 비슷할 것이다. 문제는 이렇게 매수한 주식이 예상
과 달리 하락하는 경우이다. 이럴 때 대부분의 증권전문가들은 손절매를
권유한다. 손절매라고 하는 것은 보험의 가능이 있어서 추가적인 손실을
막아주기 때문이다. 필자도 이 부분에서는 여느 증권전문가들과 같은 생
각이다.

매수한 주식이 하락하면 대부분의 투자자들은 당황하기 시작한다. 주식
투자고수와 개인투자자의 대처 방법은 여기에서도 차이가 나는데, 고수
들은 왜 이 주식이 자신의 예상에서 빗나갔는지 먼저 생각한다. 주식의 문
제가 아니라 '자신'의 문제부터 먼저 짚어 보는 것이다. 그래서 자신에게
문제가 있다고 판단이 되면 과감하게 손절매를 한다.

225

주식부자가 되기 위한 기술

하지만 자신의 판단에는 변함이 없고 주가가 일시적인 수급상의 문제로 하락했다고 판단하면 저가매수의 기회로 활용한다. 주식의 문제를 먼저 보지 않고 자신의 판단부터 보는 것, 그리고 실수는 깨끗이 인정하는 것, 바로 이런 점이 고수들의 공통점이다.

손절매에 있어서 중요한 것은 과감한 결단력이다. 일찍이 나폴레옹은 "전장에서 절대 주저하지 않는 결단력 덕분에 적보다 우위에 서게 되었다. 그래서 오랫동안 패배하지 않을 수 있었다."라고 얘기한 바 있다.

주식투자에서 손절매를 하는 것처럼 가슴 아픈 일은 없다. 하지만 과감한 결단력으로 도려낼 땐 도려낼 줄 알아야 부자투자자에 한 걸음 다가설 수 있다.

| 거꾸로 손절매 |

손절매의 시기에 대해서는 의견이 분분하다. 어떤 사람은 3% 하락하면 손절매를 해야 한다고 주장하고, 또 어떤 사람은 10%를 손절매 기준으로 제시한다. 사실 이에 대한 정확한 답은 없고, 또 있을 수도 없다. 결국 본인 스스로 그 수치를 정할 수밖에 없다.

만일 스스로 그 수치를 정하지 못했다면 5% 하락하면 절반을 손절매하고, 10% 하락하면 나머지를 손절매하는 것도 한 방법이다. 이렇듯 손절매

는 주식을 매수한 후 주가가 하락할 때의 대처 방법이고, '거꾸로 손절매'
는 주식을 매도한 후 주가가 상승할 때 대처하는 방법이다.

고수들과 개인투자자의 매매에서 가장 차이가 나는 점은 매도한 종목이
올라갈 때다. 이런 경우에도 고수들은 오른 가격으로 다시 사는 데 주저함
이 없다. 매도한 가격보다 더 높은 가격으로 매수하는 것이지만, 일단 매
도한 이상 모든 관계를 청산했다고 보고 새로운 마음으로 매수에 임한다.

하지만 개인투자자들은 주식을 매수한 후 주가가 하락하면 쉽게 팔지
못하듯이, 매도한 후 주가가 상승해도 쉽게 되사지 못하고 마냥 바라만 본
다. 자신이 매도한 가격보다 더 오른 가격으로 주식을 사는 것이 꼭 손해
보는 듯한 느낌이 들고 자존심도 상하기 때문이다.

물론 팔지 않고 그냥 가지고 있었다면 더 큰 이익이 났을 것이기 때문
에, 손해 보는 느낌이 당연히 들 수 있고 판단을 잘못한 자신에게 자존심
이 상할 수도 있다. 하지만 이미 종결된 사안에 대한 미련을 가지는 것보
다는 새로운 마음으로 생각하는 것이 바람직하다.

주식투자에 성공한 고수들도 자존심이 무척 강한 사람들이다. 하지만
그들은 최소한 주식 앞에서 만큼은 자존심을 버리는 사람들이다.

강남에 사는 모씨는 몇 년째 삼성전자 한 종목만 가지고 매매를 하고 있
다. 20여 년 동안 주식투자를 하면서 큰 수익도 내어보고 투자한 종목에

서 부도도 맞아보면서 산전수전 다 겪은 그가 나름대로 터득한 방법이, '잘 키운 한 종목, 열 종목 안 부럽다' 전략이다. 그 잘 키운 한 종목이 바로 삼성전자인 것이다.

매수와 매도 타이밍은 주로 팔 사람이 적당한 시기를 골라 전화를 드리면 본인이 결정하곤 한다. 이 분의 가장 큰 장점은 주식을 팔고 난 다음에 주가가 올라가더라도 잘못 팔았다는 생각이 들면 다시 산다는 것이다.

87만 원에 매도한 삼성전자가 85만 원까지 밀렸다가 90만 원까지 다시 올라갔다. 그래서 필자가 "여사님, 아무래도 잘못 판 것 같습니다. 되사야 되겠는데요."하고 조언을 드렸더니 주저 없이 "그렇게 하세요." 하며 재매수를 지시했다.

이런 결정을 내리게 된 배경에는 회사에 대한 믿음이 첫 번째 이유겠지만, 지나간 매매에 연연하지 않는 마음도 함께 포함되어 있기 때문이다.

바이 앤 홀드 전략

대세상승기에 수익을 가장 크게 올릴 수 있는 방법은
글로벌 경쟁력을 갖춘 초우량 기업의 주식을 장기간 보유하는 것이다.

주식을 투자하기에 가장 적합한 시기는 대세상승기라고 할 수 있다. 이런 대세상승기에는 내리는 종목보다 오르는 종목이 많아 투자자들이 매매하기에 수월한 장이 전개된다. 그런데 외화내빈이라고 이런 장에서도 개인투자자는 큰 수익을 올리지 못한다. 코스피 지수만큼의 수익을 올리는 개인투자자가 있다면, 그 사람은 성공한 투자자라고 할 수 있다.

사실 전문가라고 하는 펀드매니저들도 종합주가지수만큼의 수익을 올리는 데 굉장히 힘들어한다. 하물며 개인투자자들은 말할 필요도 없다. 이렇게 어려운 수익을 챙기기 위해서는 장세별로 색다른 전략을 구사해야 하는데, 대세상승기에는 바이 앤 홀드 전략, 박스권 장세에서는 히트 앤 런 전략을 구사해야 한다.

대세상승기에 가장 크게 수익을 올릴 수 있는 방법은 글로벌 경쟁력을 갖춘 초우량주의 주식을 장기간 보유하는 것이다. 부자투자자들은 이러한 사실을 너무나 잘 알기 때문에 삼성전자와 같은 초우량주를 매수해 계속 보유하는 경우가 많다. 이런 주식은 처음에 매수할 때부터 장기 보유주로 분류해 수익률에 신경을 쓰지 않고 계속 보유한다.

매도할 때는 종합주가지수가 고점에서 10% 이상 빠지면 그때서야 매도 타이밍을 잡는다. 고수들 중 일부는 장기적으로 가지고 있을 요량으로 산 초우량주에 대해서는 아예 매도를 생각하지 않는 경우도 있다.

이에 반해 개인투자자는 초우량주가 아닌 낙폭 과대주나 저가주에 관심을 돌린다. 잠시 올라가는 듯하다가도 다시 하락하면 손실이 발생하고, 이렇게 발생한 손실 때문에 본의 아니게 장기 투자자가 된다.

개인투자자는 혹 초우량주를 매수했다 하더라도 계속 갖고 있지 못하고 조그만 수익만 챙긴 채 뛰쳐나오고 만다. 오른 가격에 다시 살 용기가 없는 개인투자자는 결국 오르지 못한 주식 중에서 한 종목을 골라 매수한다. 오르지 않던 주식이 내가 샀다고 오를 확률은 적고, 그러다 보면 점점 수익의 격차가 벌어지는 것이다.

| 때론 히트 앤 런 전략도 필요하다 |

히트 앤 런 전략은 대세상승이 아닌 횡보장세에서 사용할 수 있는 전략이다. 이때는 지지선과 저항선을 먼저 파악해, 지지선 근처에서 매수하고 저항선 근처에서 매도하면 짭짤한 수익을 올릴 수 있다.

둘 다 훌륭한 전략이지만 시장의 흐름을 먼저 파악하고 알맞은 전략을 선택하는 것이 당연하다.

물론 현 장세가 대세상승인지 박스권인지 구분하기 위해서는 나름대로의 시황관이 필수적이다. 부자투자자들은 현 장세를 판단하는 데 있어서 장기이동평균선, 중기이동평균선 등과 같은 기술적 분석을 참고하고, 각종 경제지표에 대한 분석은 증권사 리서치센터에서 나오는 자료를 참고한다. 몇 해 전부터 증권사 리서치 분야의 경쟁이 치열해진 만큼 좋은 자료들도 많이 나오고 있다.

평창동에 사는 모 고수는 투자금액을 양분해 1/2은 장기투자 종목으로 가지고 있고, 1/2은 시황에 따라 매매를 한다. 그는 장기투자 유망종목으로 선정한 종목은 우리나라의 대표 종목이라고 할 수 있는 삼성전자이다. 그는 삼성전자가 100만 원이 되면 그때 팔려고 한다면서 벌써 몇 년째 계속 보유중이다. 19만 원대에 샀기 때문에 벌써 100%가 넘는 수익을 내고 있지만 굳이 팔 마음은 없다고 한다.

최근 2년간의 장세에서는 44만 원대 중반에 팔고, 다시 20만 원대 후반에 샀다면 수익을 극대화시킬 수도 있었을 것이다. 하지만 소탐대실할 수도 있다는 노파심으로 그는 '바이 앤 홀드' 전략을 택했다.

이에 반해 현대중공업, 신한은행 등은 '히트 앤 런' 작전을 구사하고 있다. 현대중공업은 2만 원대에 사서 3만 원대에 팔아 50%의 수익을 올렸고, 신한은행도 1만 1천 원대에 사서 1만 6천 원에 팔아 약 50%의 수익을 올렸다. 최근 LG화학으로 일부 손실을 보기는 했지만, 그래도 적절한 전략을 선택한 덕분에 높은 수익률을 기록하고 있다.

신고가 주식

작전의 냄새가 나는 소형주가 이상하게 급등해서 신고가를
갱신한다면 매수를 고려해 보아야 한다.

주식투자 고수들은 신고가 주식에 대해 상당한 호감을 가지고 있다. 어느 기업의 주가가 사상 최고치를 기록했다는 것을 새로운 역사의 시작으로 보는 것이다.

10여 년 전 삼성전자의 주가가 5만 원의 벽을 뚫고 올라갔을 때 삼성전자를 5만 원 밑에서는 볼 수 없을 것 같다. 라고 예측한 전문가가 있었다. 그런데 많은 사람들은 가볍게 받아들였지만 얼마 안 가서 그것이 현실로 되고 말았다.

개인투자자들은 어떤 종목의 주가가 신고가를 기록하면 그때부터는 철저한 관객으로 전락하기 쉽다. 하지만 고수들은 신고가를 기록한 주식을 보면 "아! 이제 이 주식은 뻗어 나가더라도 더 이상 나올 매물이 없구나." 하고 생각한다. 그래서 가벼운 마음으로 신고가 종목을 매수한다.

신저가 종목에 대해서는 많은 개인투자자들이 "야, 이 주식이 이 가격까지 하락을 했구나. 이렇게 싼데 매수해도 되겠지?"하고 덜컥 매수에 가담한다. 하지만 고수들은 "이 주식이 제대로 상승하려면 첩첩이 쌓인 매물을 뚫고 올라가야만 가능하구나."하며 부정적으로 생각하고, 신저가 주식에 대해 철저한 외면으로 일관한다. 똑같은 사안을 놓고 이렇게 해석의 차이가 다른 이유에서 '왜 돈 많은 부자투자자들이 주식에서도 더 돈을 버는가?'에 대한 해답을 찾을 수 있다.

어떤 회사의 주가가 신고가를 기록하는 데는 분명 그만한 이유가 있고, 신저가를 기록하는 데에도 그만한 이유가 있다. 이런 이유를 무시하고 그저 주가가 많이 올랐다는 이유로 매수를 두려워하고 많이 빠졌다는 이유만으로 매수에 가담한다면, 늘 개인투자자로만 머무를 수밖에 없다는 것이 부자투자자들의 공통된 지적이다.

기업의 가치와 비전은 변화가 없는 주가가 이상 급등하는 경우도 있다. 주로 작전성 종목에서 이런 경우를 보게 되는데 대부분 소형주들이다. 작전의 냄새가 나는 소형주가 이상급등해서 신고가를 갱신한다면 매수를 고려해 보아야 한다. 다만 시장의 추세가 확연한 약세장일 때에는 신고가의 추격매수를 피하는 편이 좋다.

주식투자전문가들은 남들이 두려워할 때 냉정할 줄 아는 참착함과 배짱
을 가진 사람들이다.

비쌀 때 사고 쌀 때 판다

주가가 너무 높아 많은 사람들에게 위험해
보이는 주식이 더 올라가고 주가가 낮게 떨어져
더 이상 내려갈 것 같지 않은 주식이 다시 내려간다.

주식에서 수익을 올리는 정상적인 방법은 주식이 쌀 때 사서 비쌀 때 팔아 그 이익을 남기는 것이다. 그런데 비쌀 때 주식을 사고 쌀 때 주식을 팔라고 하니, 이런 말을 처음 듣는 사람은 고개를 갸우뚱거리지 않을 수 없을 것이다. 하지만 이 말에는 꽤 깊은 의미가 함축되어 있는데, '현재의 주가'가 싼 것인지 비싼 것인지는 알 수 없다는 전제조건에서 시작된다.

싸다고 생각해서 산 주식이 더 하락하는 경우도 많고 비싸다고 생각해서 판 주식이 더 상승하는 경우가 비일비재하다. 주가가 너무 높아 많은 사람들에게 위험하게까지 보이는 주식이 더 오르고, 주가가 낮게 떨어져 더 이상 떨어질 곳도 없을 것 같은 주식이 더 하락하는 현실 때문에 많은 개인투자자들은 당황한다.

그래서 주가가 올라가면 좀 비싸게 보이더라도 매수하고, 주가가 하락하면 좀 싸게 보이더라도 매도하라는 것이다. 왜냐하면 주식에는 관성의 법칙이 있어서 제 가고 싶은 데까지 계속 가려고 하는 성질이 있기 때문이다.

개인투자자들은 주가가 약간만 올라도 다시 내리지 않을까 하는 두려움 때문에 수익을 더 올릴 수 있는 기회를 놓치는 경우가 많다. 그래서 고점에 이른 주가가 하락하면 그때 팔라는 얘기다.

부평에 큰 빌딩을 소유하고 있는 부동산부자 김씨는 신고가 주식을 매수하는 데 주저하지 않는다. 신고가에 주식을 샀기 때문에 김씨는 비싸게 주식을 산 셈이다. 하지만 주가가 더 상승하면 결국 비싸게 산 주식이 수익을 올려주게 된다. 결국 비싼 가격이 낮은 가격이 된 것이다.

이에 비해 소액투자자인 모씨는 신저가 주식만을 골라서 매수한다. 그래서 항상 싸게 주식을 사는 모양이 되었다. 하지만 주가는 더 하락해 결국 싸게 산 주식이 손실을 안겨주곤 한다. 즉 싼 주식이 높은 가격이 되어버린 것이다.

실적이 꾸준히 늘어나는지 확인한다

분기실적을 비교할 때에는 직접 분기뿐만 아니라
전년도의 같은 분기와 비교해서 그 수치를 면밀히 검토한다.

고수들은 기업의 실적을 관찰하고 분석할 때 전체 기별로도 파악하고, 각 해당 분기별로도 세분화해서 살펴본다. 즉 기업의 실적에서 1/4분기 실적과 2/4분기 실적, 그리고 3/4분기, 4/4분기 실적을 모두 비교해 어느 분기에 어떤 사유로 수익이 많이 났는지 살펴보고, 분기별로 수익이 늘고 있는지 줄고 있는지도 같이 체크하는 것이다.

또한 해당 분기의 실적이 전년도 해당 분기의 실적과 비교했을 때 어떤 차이를 보이고 있는지도 체크한다. 이에 비해 개인투자자들은 이런 자료에 대해 둔감한 편이며, 설령 보더라도 분기가 아닌 결산기의 매출액과 순이익 정도에만 관심을 가질 뿐이다.

주식투자 전문가들이 특히 관심을 많이 보이는 부분은 분기 실적의 호전 여부로, 분기실적을 비교할 때에는 직접 분기뿐만 아니라 전년도의 같은 분기와 비교해서 그 수치를 면밀히 검토한다. 직전 분기보다 실적이 좋아졌다고 하더라도 전년도의 같은 분기보다 실적이 나빠졌다면 좋은 점수를 얻기는 힘들다. 직전 분기가 아니라 전년도의 같은 분기와 비교하는 이유는 계절적인 요인으로 인한 착각에서 벗어나기 위해서이다.

예를 들어 빙과류를 만드는 회사의 경우 주 매출 시기는 여름이다. 그래서 단순히 직전 분기하고만 비교한다면 당연히 3/4분기 실적은 폭발적인 증가를 보일 것이고, 겨울이 되는 4/4분기 실적은 급격한 감소를 보일 것이기 때문이다.

| 연간 EPS가 꾸준히 증가하는 기업 |

분기별 EPS와 더불어 연간 EPS가 꾸준히 늘어나는 종목에 대한 관심도 높다. 5년 정도의 기간 동안 EPS가 꾸준히 증가했다면, 이런 기업들은 일시적인 실적 호전으로 기업실적이 좋게 나타난 기업이 아니기 때문에 성장성 측면에서 좋은 점수를 줄 수 있는 것이다.

테마주의 상승은 단기간에 그칠 확률이 높고 실적이라도 안 좋게 나오면 급락하기도 쉽지만, 이렇게 EPS가 꾸준히 증가하는 기업은 장기투자에도 적합한 종목이다.

필자가 근무하는 지점에서 직원들과 이러한 종목을 추려보는 작업을 해보았더니 고작 20개 정도의 종목만이 나타났다. 20개 종목이라면 전체 종목 중에서 불과 1.3 %에 불과하다. 이러한 종목에서 진주가 발견되곤 한다.

주도주 찾는 방법

코스피 상승률과 비교해서 가장 높은 상승률을
나타내는 업종이 주도 업종이다. 주도 업종 중에서
주가 상승률이 가장 큰 종목이 주도주가 된다.

증시 속담에 "달리는 말에 올라타라."는 말이 있다. 이 말은 '주도주를 잡아라' 는 뜻인데, 과거의 경험에 비추어 보아도 항상 주도주에 투자하는 편이 조금이라도 더 나은 수익을 올릴 수 있었다.

일반적으로 주도주는 해당 업종에서 최고인 2~3개 종목 중에서 나타난다. 이러한 종목들은 해당 업종에서 선두권에 있으며, 주력 품목이 시장점유율 1위인 경우가 대부분이다. 자기자본이익률이 높고 순이익 증가율도 높다.

주도주를 파악하기 위해서는 먼저 업종별 상승률을 비교해 보면 된다. 코스피 상승률과 비교해서 가장 높은 상승률을 나타내는 업종이 주도업종이다. 그리고 주도업종 중에서 주가상승 비율이 가장 큰 종목이 주도주가 되는 것이다. 반면 소외주는 가장 낮은 주가상승을 보이는 업종과 종목을 말한다.

　주식투자 고수들과 개인투자자의 차이점은 여기서도 나타나는데 고수는 향후 상승을 염두에 두고 주도주를 매수하는 경향이 짙다. 하지만 개인투자자는 가장 상승폭이 적은 소외주를 선택한다. 그러다 보면 올라가는 주식은 더 올라가고 못 올라가는 주식은 계속 못 올라가기 때문에, 결국 부자투자자는 돈을 벌게 되고 개인투자자는 돈을 못 벌게 된다.

　많은 고수들은 주도주와 가까이 하고, 소외주는 멀리하는 것이 수익을 올리는 비결이라고 입을 모아 얘기했다.

　주도주를 찾기 위한 노력의 일환으로 전일 기관들과 외국인들의 매매동향을 보는 것은 부자투자자들의 어김없는 공통사항이었다. 하루치뿐만 아니라 주간과 월간도 같이 비교해 봄으로써 큰 흐름을 읽을 수 있다고 생각하는 고수들도 많았다. 이런 비교를 통해 기관들이 사들이고 있는 종목과 팔고 있는 종목, 외국인들이 사들이고 있는 종목과 팔고 있는 종목에 대해 다각적으로 파악한다.

　특히 외국인들의 매매동향에서 특정한 종목이 꾸준하게 매수종목으로 리스트에 올라온다면 이런 종목에 대해서는 매수를 고려하곤 했다. 이런 수고스러움을 통해 주도주는 발견되는 법인데, 고수들 중에는 주도주가 아니면 아예 매수하지 않는 사람들도 많았다.

무시해야 할 낙폭 과대 종목

낙폭이 큰 종목 리스트에서 종목을 고르는 우를
범하지 않되, 당신이 염두에 두었던 종목 가운데
낙폭이 큰 종목 리스트에서 발견했다면 그때 매수하라.

고수들이 주도주를 찾기 위해 애쓰고 있을 때, 개인투자자들은 낙폭과
대 종목 중에서 매수할 종목을 선택한다. 낙폭이 컸기 때문에 다시 오를
경우 큰 폭의 수익을 올릴 수 있다는 기대 섞인 희망을 하면서 이런 방식
을 고수하는 것이다. 물론 정당한 이유 없이 수급상의 문제만으로 낙폭이
컸다면 다시 상승할 때 하락한 만큼의 상승을 보여준다.

하지만 낙폭이 큰 종목들은 대부분 피치 못할 사정으로 단기간에 큰 폭
으로 주가가 하락한 것이다. 이렇게 하락한 주가가 내가 샀다고 해서 오를
리는 만무하다.

주가의 주체는 주식이지 투자자가 아니다. 상승하던 주가가 내가 샀다
고 해서 빠질 리도 없고, 하락하던 주가가 내가 샀다고 오를 리도 없다. 주
가라고 하는 놈은 자기 가고 싶은 곳까지는 어떤 잔파도가 있더라도 기어

이 가고야 마는 아주 못된 놈이기 때문이다.

고수들은 이런 낙폭 과대 종목에 대해 큰 매력을 느끼지 않기 때문에 단순하게 낙폭이 크다는 이유만으로 매수하지 않는다. 그래서 낙폭 과대 종목 리스트를 신문에서 보면 이를 가십거리로 가볍게 보고 지나가는 경향이 많았다.

단 실적호전이 예상되는 기업 중에서 낙폭이 큰 경우가 있다면 이런 경우는 매수를 고려한다. 그리고 평소 자신이 사고 싶었던 종목이 낙폭 과대 종목에서 발견된다면 매수에 나서곤 했다. 평소에 사고 싶었다면 이미 그 종목에 대한 분석은 다 해 놓았을 것이고, 따라서 그 종목에 문제가 없다는 전제 아래 매수에 임하는 것이다.

다시 말해 낙폭 과대 종목 리스트에서 종목을 고르는 우는 범하지 않되, 본인이 염두에 두었던 종목을 낙폭 과대 종목 리스트에서 발견한다면 그때는 매수에 나서는 것이다.

정치적인 이유로 주가가 폭락하는 경우 단기간에는 악재지만 장기적으로는 큰 영향을 미치지 않는다. 주식시장은 궁극적으로 경제가 움직이는 곳이기 때문에 상대적으로 정치에는 둔감한 편이다. 실제로 1979년에 있었던 10·26 대통령 암살사건이나 12·12 쿠데타 같은 경우에도 단기간 하락으로 마무리된 경험이 있다.

왕초보 주식투자 시크릿

또한 단기악재지만 장기호재로 분리되는 사건들도 있다. 예를 들어 1993년 8월 12일에 있었던 금융실명제의 경우는 발표 후 3일간 폭락해 659포인트까지 추락했지만, 결국 장기상승으로 추세의 변화가 이루어져 1,145포인트까지 주가가 상승했다.

2003년 가을에 있었던 노무현 대통령의 재신임 문제도 정치적으로는 엄청난 파장을 불러온 문제였지만, 오히려 그날 주가는 외국인들의 매수에 힘입어 22포인트 오르는 별개의 모습을 보여주었다.

인천 부평에 사는 모 고수는 금융실명제 발표로 인한 폭락기에 한전에 투자해 재미를 본 경우이다. 그는 금융실명제를 단기악재, 장기호재로 판단했고, 폭락 3일째 되던 날 한전을 매수했다. 한전을 매수한 이유는 다른 종목들이 여전히 하한가에서 벗어나지 못하고 있을 때 한전은 제일 먼저 하한가에서 벗어나는 저력을 보였기 때문에 남들이 하한가에서 벗어나지 못할 때 벗어나는 주식이라면 주도주의 자격이 충분히 있다고 보았던 것이다. 결국 그는 1만 3천 원대에 매수한 한전 주식을 3만 5천 원대에 매도해 170% 가까운 수익률을 올릴 수 있었다.

사고의 깊이와 넓이가 다르다

수백 개의 주식형 수익증권이나 뮤추얼펀드 중에서
수익이 다른 것들과 비교해서 엄청나게 높은 펀드를 지켜보는 부자도 있다.

주식투자 고수들은 어떠한 사건이 발생했을 때 '이런 사건이 발생했구나!' 하는 생각에서 벗어나 이 사건이 증시에 미치는 영향은 어떤지를 생각한다. 이런 점에서 분명히 고수들의 사고의 넓이와 깊이가 개인투자자와는 확실히 달랐다. 물론 이런 사고의 넓이와 깊이는 평소의 꾸준한 주식 공부에서 비롯된다는 것은 두말할 여지가 없다.

2011년 초만 해도 낙관적이었던 주식이 3월 11일 갑작스러운 일본 대지진과 쓰나미가 일본 동부를 뒤엎으면서 한 때 주가가 1900선까지 내려갔다. 그런 와중에 리비아 사태를 위시해서 중동민주화 사태가 일어나자 많은 투자자들은 불안에 휩싸였다. 세계 석유공급의 대다수를 차지하는 중동과 그리고 세계경제의 8.7%를 차지하는 일본의 경제의 막대한 피해를 보면서 투자자들은 혼란에 빠질 수밖에 없었다.

게다가 일본 후쿠시마 원전기 사고로 일본을 비롯하여 세계가 온통 방사능 공포에 휩싸이면서 세계경제에 먹구름이 덮인 것이 아닌가 하고 많은 사람들이 우려를 했다.

그러나 혼란 뒤에는 반드시 기회가 온다고 믿는 것이 현명한 투자자들의 자세이다. 이런 불행한 사태 뒤에는 그 덕을 보는 수혜자도 있다고 믿고 그것을 찾아내어 과감하게 투자하는 자세가 곧 사고의 깊이와 넓이가 다른 투자자들의 자세이다.

실제 방사능 공포가 일본을 위시해서 우리나라에까지 퍼지면서 마스크 등 방사능 방지에 좋은 요도륨같은 제품을 만드는 제약회사의 주식이 상한가를 치닫고 있어 기회가 될 수 있는 것이다. 쉽지 않지만 복구와 재건은 생산을 의미하기 때문에 경제의 회복 속도가 빨라질 것이다. 이렇게 긍정적으로 생각하고 바라볼 줄 아는 자세가 투자자에게 필요한 것이다.

| 때론 벤처마킹도 할 줄 안다 |

컨닝은 시험을 볼 때 부도덕한 학생만 하는 것이 아니다. 경영학에서는 이를 벤처마킹이라는 용어로 포장하는데, 이러한 벤처마킹은 사실 '저 회사는 어떻게 해서 저렇게 훌륭한지 한번 컨닝해 보자'는 것이다. 그래서 수백 개의 주식형수익증권이나 뮤추얼펀드 중에서 수익이 다른 것들과

비교해 월등히 높은 펀드를 유심히 지켜보는 부자들이 많았다. 성적이 우수한 펀드에 투자되어 있는 종목을 알아내 본인의 투자에도 참조하는 경우도 있었다. 몇 년간 계속 실적이 좋은 우량 펀드에서 새로 편입하고 퇴출시킨 종목이 무엇인지 찾아내는 노력은 사실 아무나 하기 힘든 것이다.

주식형수익증권이나 뮤추얼펀드에서는 기본적으로 우량한 종목이 아니면 펀드 내에 편입시키지 않는다. 따라서 이런 펀드에 투자된 종목은 '기본이 갖추어진 회사'로 판단한다. 그래서 이런 종목에 대해서는 호의적인 시각으로 접근하고, 또 새로 펀드에 편입된 종목에 대해서는 적극 매수를 검토한다. 이제까지의 운용에 대한 결과로 그 펀드매니저의 평가가 이루어졌다고 보기 때문이다.

비슷한 예로 2003년 9월 워렌 버핏이 운영하는 투자회사 버크셔 헤더웨이가 주요 투자종목을 공개했다. 해더웨이는 경쟁사들의 추격매수 등을 염려해 증권거래위원회에 투자종목을 비밀로 할 수 있도록 해달라고 요청했으나 거절당하고, 결국 투자종목을 공개할 수밖에 없었는데 이 종목들의 주가는 공개되자마자 급등했다.

우량 펀드는 경제신문이나 투자신탁협회의 홈페이지를 이용하면 된다. 다만 그 자세한 투자내역은 해당 펀드에 투자한 사람만 알 수 있고 공개하지는 않는다. 이를 알 수 있는 유일한 방법은 직접 그 펀드의 수익자가 되는 것이다. 큰 돈이 아니어도 좋다. 단돈 1만 원이라도 그 펀드에 투자하면, 그 펀드의 수익자가 되어 펀드 내 투자종목 내역을 당당히 요구할 수 있다.

강남에 사는 최사장은 최근 수익률이 좋은 S투신의 에버그린 주식 1호 펀드에 1만 원을 가입했다. 물론 그 펀드에서 수익을 내기 위해서가 아니라 그 펀드 내에 어떤 종목들이 편입되어 있는지 궁금했기 때문이다.

최사장은 이런 펀드내역서를 최소한 1달에 2번 정도 요구해 계속 보유하고 있는 종목에는 어떤 것들이 있으며, 퇴출시킨 종목과 편입시킨 종목이 무엇인지 리스트를 만들어 활용하고 있다. 아무래도 주식투자를 주된 업으로 하고 있는 펀드매니저의 실력이 자기보다는 낮지 않겠는가 하는 이유에서다.

주식부자가 되기 위한 기술

11

예측을 넘어선 투자가 필요하다

매도 타이밍의 원칙

매도 기준의 또 하나의 원칙은 이익이 났건 손실을
보았건 회사가 실망을 주었을 때에는 과감하게
매도하는 것이다.

매도 타이밍은 매수 타이밍보다 몇 배 더 중요하다. 부자투자자들은 매도 타이밍에 많은 정성을 쏟지만 개인투자자들은 기분 내키는 대로 매도 타이밍을 정해버리는 경향이 있다.

부자투자자들은 매도 타이밍에 나름대로 정한 원칙을 고수하고 있었다. 즉 매수단가에서 50% 이상 오른 경우, 코스피가 10% 이상 하락하는 경우, 기술적 분석상 매도의 징후가 나타나는 경우 등 자신에게 알맞은 원칙을 정해 놓았다.

여기에 비해 매수는 신중하게 결정하던 개인투자자들도 매도의 관점에서는 매수할 때보다 훨씬 작은 노력으로 매도 타이밍을 결정하곤 한다. 수익이 났을 때 길게 가져가지 못하고 10% 정도의 수익에 만족해 주식을 매도한다든지, 주가가 하락하는 경우에 손절매를 하지 못해 손실을 키우는 경우가 바로 이런 이유에서 발생한다.

주식을 매도할 때에는 원칙부터 정하는 것이 성공 투자의 지름길이다. 먼저 주식을 매수할 때 매도 단가를 미리 정하는 방법이 있다. "이 주식은 2만 원에 샀으니까 3만 원 정도 되면 팔아야겠다." 혹은 "이 주식은 2만 원에 샀으니까 2만 4천 원 정도가 고비이므로, 2만 4천 원 근처에 가면 팔 준비를 해야겠다."하고 매수할 때 미리 매도할 가격을 정하는 것이다.

물론 실제 매도가격 근처에 가면 더 올라갈 것 같은 마음에 매도를 보류하곤 하는데, 경험적으로 보면 처음에 생각한 매도 단가가 정확한 경우가 무척 많았다.

매도기준의 또 다른 원칙 가운데 하나는 이익이 났건 손실이 났건 회사가 실망을 끼칠 때는 과감히 매도한다는 것이다. 사회적으로 비난을 받거나 좋지 못한 일로 세인들에게 실망을 준다면 기업이미지에도 악영향을 미칠 수밖에 없고, 이것은 장기적으로 기업주가에도 부정적인 영향을 미친다.

세 번째는 매수한 주식의 성격부터 결정하는 것이다. 본인이 이 주식을 장기투자용으로 매입했는지 단기매매용으로 매입했는지를 먼저 파악한 후, 장기투자를 생각한다면 말 그대로 장기간 보유하려고 했다.

왕초보 주식투자 시크릿

단 비록 장기투자를 하기로 했더라도 주가가 매수단가 이하로 하락하면 손절매를 신중히 고려한다. 장기투자란 이익이 났을 때 계속 가지고 있는 것이지 손실을 감수해 가면서 계속 가지고 있는 것은 아니기 때문이다.

네 번째로는 외국인들의 투자 패턴이 선물과 현물을 가리지 않고 매도하는 경우이다. 현물에서 매도우위를 보였다고 하더라도 선물에서 매수우위의 입장에 서 있다면 크게 걱정할 필요는 없다. 하지만 현물과 선물에서 동시에 매도우위의 자세를 견지한다면, 향후 장세를 비관적으로 보고 매도 타이밍을 잡고는 했다.

| 매도할 수 있는 징후 |

부자투자자들은 매도 타이밍을 잡을 때 기술적 분석상 나타날 수 있는 매도의 징후들을 참고해 의사결정에 활용한다. 종목에 대한 매수를 고려할 때에는 기본적 분석이 유용하게 활용되지만, 매도를 고려할 때에는 기술적 분석이 더 유용하게 활용되기 때문이다.

가장 대표적인 것이 장대음봉이 나올 때이다. 장대음봉이란 시가보다 종가가 낮은 경우로 그 가격 차이가 클 때 발생한다. 이런 장대음봉이 나오면 매도압박이 강해졌다는 것으로 인식하고 일단은 매도부터 먼저 하고 보는 부자투자자들이 많았다. 기술적 분석상 매도의 징후들로는 다음과 같은 것들이 있다.

★ 주가가 상승세를 탄 이후 거래량은 계속 늘어나는데 더 이상의 주가 상승이 없을 때가 매도시점이 된다. 거래량이 늘어나면 매수세가 증가하고 있다는 증거지만, 반대로 매도세도 증가하고 있다고 보아야 한다. 특히 아무것도 모르는 신규 매수자가 대폭 '사자'에 참여하고 있는데도 주가가 오르지 못한다면, 이는 필시 대규모 매물이 어디선가 흘러나오고 있는 것으로 생각해야 한다.

★ 괴리율이 지나치게 벌어져 있는 경우도 주요 매도시점이 된다. 각종 이동평균선과의 괴리가 많이 벌어진 경우 주가는 다시 이동평균선 근처로 수렴하는 경우가 많다.

★ 그래프의 고점에서 음봉이 3일 연속 나오는 경우는 흑삼병이라고 해서 큰 폭의 하락을 예고하는 경우가 많다.

★ 평소보다 그 상승폭이 지나치게 높고 또 거래량도 지나치게 많을 때가 지나고 보면 상투인 경우가 많다. 그래서 이후 주가는 대부분 약세를 보이기 쉽다.

★ 상승추세의 고점을 이은 직선을 돌파했다면 이때도 매도 타이밍으로 간주하는 것이 좋다.

주식 살 때와 팔 때

최소한 주문을 낼 때는 허둥대지 말자. '저 주식을
오늘 사지 못하면 큰일이라도 날듯이' 야단법석을
떨며 산 주식치고 수익을 챙겨주는 주식은 없다.

다른 주식은 다 오르는데 내 주식은 전혀 움직이지 않고 거래마저 뜸하
다면 주식투자자 입장에서 그것만큼 답답한 경우가 없을 것이다.

주식격언에 "주식을 사지 말고 때를 사라."는 말이 있다.

아무리 내재가치가 좋고 재무상태가 좋은 주식이라 하더라도 정세의 흐
름에 맞지 않는다면, 과연 좋은 주식일까? 흔히들 매수시점보다는 매도시
점을 잘 잡는 것이 더 중요하다고들 한다. 그래야만 내 돈이 될 수 있으니
까. 하지만 일단 매수를 하는 것이 순서 아니겠는가? 자, 그럼 어떻게 해
야 매수 포인트를 정확하게 짚어낼 수 있겠는가를 생각해 보자.

| 스스로 매매 마인드를 갖는다 |

주가에는 나름대로의 패턴이 있다. 그래서 차트분석이 중요한 이유이기

도 하다.

최소한 주문을 내기 전에 허둥대지는 말자. 저 주식을 지금 못 사면 난리라도 날 듯이 야단법석을 떨며 산 주식치고 수익을 챙겨주는 주식은 없다. 또한 오늘 상한가를 친 종목이 내일 또 다시 상한가를 치라는 법도 없다. 그러므로 한번 더 생각해 보는 마인드를 갖자!

| 잔량에 속지 말자 |

잔량이란 매수 또는 매도하고자 주문은 내놓았으나 체결이 되지 못하고 남아 있는 잔여 수량을 말한다.

그리고 잔량에 속지 말자는 말은 매수잔량이 많다고 반드시 좋은 주식이 아니라는 것이다. 또한 단순히 잔량의 숫자에 신뢰감을 가져서는 안 된다는 말이기도 하다.

왜냐하면 이유야 어쨌든 어떤 주식을 대량으로 매수하거나 매도하려는 세력이 있다면 이는 의도적으로 사용하는 눈속임일 수도 있기 때문이다.

종합지수가 하락세로 돌아설 때 의도적으로 팔리지도 않는 고가로 매도 주문을 쌓아 놓고서 일반인들로 하여금 매도하게 하여 조금씩 매수하거나, 반대로 장중에 상승이 있을 때, 의도적으로 사지도 않을 저가로 매수 주문을 쌓아 놓고서 매수를 유도한 후 조금씩 물량을 팔아 치울 수도 있다.

따라서 이유 없이 매수 총잔량이 쌓이거나 또 매도 총잔량이 쌓이는 경우 한번쯤은 그 의도를 의심해 볼 필요가 있겠다.

그리고 여기서 속지 말자고 하는 얘기는 주가를 잔뜩 올려 놓고 팔아먹기 위하여 잔량을 쌓아 일반인으로 하여금 마냥 오를 것 같은 환상을 심어 주는 사례가 있기 때문이다.

| 매수와 매도의 판단의 기준 |

★ 주가가 바닥권인지 아닌지 하는 판단의 기초는 주가나 차트보다는 거래량을 기준으로 판단하라.

★ 실적이 좋은 종목은 매수의 대상이 되기 마련이다.

★ 또한 주가는 상승 후 조정이 있기 마련이므로 실적이 호전된 종목이 상승 후 일시적인 조정이 있다면 매수 시점으로 잡아보자.

| 추천종목은 매수를 유보하라 |

수요가 늘어난다는 것은 매수세가 유입됨을 뜻하고 그 증가는 주가를 움직이는 작용을 하게 된다.

추가 매수세 유입이 주춤하는 시점으로 주가가 정점에 있을 때 추천되는 종목은 꼭 추가 상승을 할 것 같이 보이나 주가라는 것은 오르면 반드시 내리는 법이다. 따라서 거래량도 큰 폭으로 증가하고 매수세도 유입되면 대개는 상투를 잡는 우를 범하고 만다.

매도 시점 파악하기

떨어지는 주식을 마냥 붙들고 앉아 오를 날을
기다리는 것은 과일 나무 밑에서 입을 벌리고
앉아 있는 것과 다를 바 없다.

주식은 사는 것도 어렵지만 파는 것은 한층 더 어렵다. 사실 주식을 산다는 거야 돈만 있으면 가능한 것이지만 판다는 것은 매도시점을 잡지 못하면 적기에 매도를 못하게 되고, 한번 매도시점을 놓쳐 주가가 매수가 이하로 내려가게 되면 이번에는 원금이 생각나 더욱더 매도 결심을 어렵게 한다. 이후 반등까지는 또 많은 시간이 걸릴 테고 무작정 기다리는 것이 방법이라면 방법일까? 따라서 기본적으로 매도 시점에 대한 나름대로의 소신을 갖고 팔 수 있는 철칙을 정해 놓자.

★ 상승을 지속하다 보합세가 유지되는 종목은 매도하자

주가가 상승을 보이다가 보합권에서 큰 변화가 없이 가격이 유지되는 상태를 강보합이라 한다.

이와 같은 강보합은 매도세력과 매수세력간에 공방이 치열하다는 것을 의미하는데 매도세가 강할 경우 주가는 당연히 하락하게 된다. 이때는 보유주식을 팔아서 현금을 만드는 게 우선 중요하다.

그리고 나서도 너무나 섭섭하다면 다시 사면 될 게 아닌가.

★ LOSS CUT 할 수 있는 수익률을 정해 놓자

떨어지는 주식을 마냥 들고 앉아 오를 날을 기다린다는 것은 과일 나무 아래서 입을 벌리고 있는 것과 다를 바가 없다. 참으로 무지한 일이 아닌가.

떨어지는 주식은 떨어지는 이유가 분명히 있고 또 떨어진 만큼 올라가는 데는 하락할 때보다 더 많은 시간이 걸리는 것이 다반사이고 보면, 내가 산 주식이 20 % 이상 힘없이 떨어지고 주변 상황이 좋지 못한 것 같다면 과감하게 손절매를 하자.

하루 이틀 기다리다가 손절매의 기회를 놓친다면 호미로 막을 것을 가래로 막는 꼴이 된다. 그래서 적절할 때 손절매를 잘 하는 것이 주식투자를 잘 하는 것이라는 주식 격언도 있지 않은가.

왕초보 주식투자 시크릿

★ 거래량을 주시하라

주식의 거래량이란 주가의 모든 내용이 들어 있다고 할 정도로 중요하다. 매수시점의 파악은 물론 매도시점의 파악에도 주식의 거래량은 중요한 지표로써 작용을 한다.

거래량이 급증한 뒤 어떤 시점 이후부터 그 이상 증가하지 않는다면 이미 매수세가 한계에 달했다고 할 수 있다. 바로 주가가 피크를 쳤다고 볼수도 있다는 말이다. 이 상태에서 내가 산 주식이 올라 있는 상황이라면 팔아서 돈을 챙겨 놓자.

지나친 욕심은 금물이다. 주식 한 종목으로 팔자를 고쳐 보겠다는 생각은 빨리 버릴수록 돈이 되는 주식이 많이 보일 것이다.

자고로 주식투자는 소탐대실의 표본이 아니겠는가.

주가는 한없이 오를 것만 같은 착각을 불러일으키는 시점이 오히려 판단을 흐리게 할 수 있다.

현실적으로 매수세가 한없이 증가 유입될 수는 없다. 또한 끝없이 오를 것만 같은 주가도 반드시 한계점이 있고 그 한계에 도달하면 내리기 마련이다.

★ 처음부터 끝까지 다 먹겠다는 생각은 하지 말자

주식을 최저점에서 사서 최고점에 팔 수는 없다. 골프에서 HOLE IN ONE이 어디 그리 쉬운 일인가!

그렇다면 이보다는 더 어렵다는 정도로 인정하자. 그리고 저점을 확인하고 매수했으면 고점을 확인하고는 매도하자. 그리고 조정 받고 한번 더 오를 것 같지만 주가는 절대 그렇지가 않다는 것 역시 명심해야 된다.

12

주가차트의 기본지식

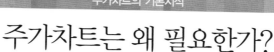

주가차트는 왜 필요한가?

차트의 분석 방법에 전제되는 조건은 과거의
주가추세나 만들어진 패턴을 반복을 위주로
한 것이므로 비현실적이 될 수도 있다.

'주가는 귀신도 모른다.'는 말이 있듯이 주가의 흐름은 아무도 알 수 없다. 그러나 주가의 흐름이 과거의 일정한 패턴인 추세를 가지고 있다면 이것을 도표로 하여 차트로 만들면 주가의 흐름을 예측할 수 있다.

그런 주가차트는 일반적으로 다음과 같은 기본을 가정하여 만들어졌으나 오늘날 미국의 서브프라임(부실금융채권)의 사태처럼 돌발적인 변수로 인해 예기치 않은 큰 변화가 있으므로 국내외 경제에 대해서 항상 예의 주시해야 한다.

| 주가차트 작성의 기본적인 전제 |

★ 주가는 시장에서 주식의 수요공급에 의해서 결정된다.

★ 추세의 변화는 수요와 공급의 변동에 의해서 일어난다.

★ 주가의 흐름은 즉, 추세는 시장 내 사소한 변동요인을 고려하지 않으면 상당한 기간 동안 한쪽 방향으로 움직이는 경향이 있다.

★ 수요와 공급의 변화에 의하여 나타나는 주가모형은 스스로 그 패턴이 반복되는 경향이 있으므로 투자자들은 기술적 분석이라는 내용으로 반복 패턴에 적용하려고 한다.

그러나 기본적인 전제로 작성되는 주가차트에는 다음과 같은 문제점이 있으므로 투자에 성공하여 돈을 벌기 위해서는 이 같은 문제점을 충분히 고려해야 한다.

즉 차트의 분석방법에 전제되는 조건은 과거의 주가추세나 만들어진 패턴을 반복하는 경향을 위주로 한 것이므로 비현실적이 될 수도 있다는 것이다. 또한 동일한 패턴의 차트가 만들어진다고 해도 투자자 당사자의 상황과 여건에 변화가 고려되기 때문에 해석상의 차이가 있다는 점이다.

무엇보다도 투자의 제일 중요한 가치, 즉 기업의 내재 가치를 무시하고 시장의 수요공급에 의해서만 표시되는 차트는 시장의 변화를 정확하고 신속하게 분석하는 데는 다소의 문제점이 있다고 할 수 있다. 그럼에도 불구하고 주가의 흐름을 예측하고 연구하는 데는 주가차트의 중요성은 무시할 수가 없는 것이다.

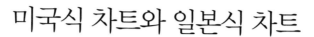
미국식 차트와 일본식 차트

차트 종류에는 미국식과 일본식이 있으나
우리나라는 일본식을 따르고 있다.

1) 미국식 차트

미국의 차트는 4가지 주가 중 시가는 표시하지 아니하고 고가, 저가, 종가만을 표시하여 주가를 나타내는 것으로 저가와 고가를 세로에 만들고 종가를 오른쪽에 표시한다.

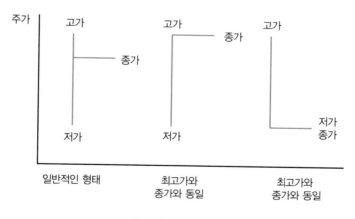

〈그림〉 미국식 차트

2) 일본식 차트

일본식차트는 시가, 종가, 고가, 저가의 4가지 주가를 모두 표시하여 주가를 나타내는 것으로 시가에 비하여 종가가 하락한 경우 청색(흑색)의 음형선으로, 시가에 비하여 종가가 상승한 경우에는 적색(흰색)의 양형선으로 구분하여 나타낸다.

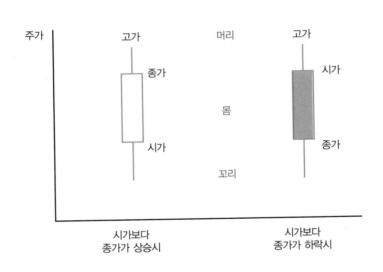

〈그림〉 일본식차트

차트에서 기본적으로 알아야 할 사항

주가차트를 읽으면서 반드시 알아야 할 사항은
저항선과 지지선, 자율반등과 자율반락 등이다.

주가는 특별한 범위 안에서 움직이는 경향이 있다. 이런 상승과 하락을 반복하는 가운데 주가가 형성되는 상황을 파악하는 것이 주가차트를 읽는 기본이므로, 이와 같은 단순한 주가차트라 하더라도 내용을 파악하기 위해서는 기본적으로 반드시 알아야 할 사항이 있는데, 그것은 다음과 같다.

1) 저항선

저항이란 어느 일정한 기간 동안 매입세력에 대한 매도세력의 힘으로 즉, 매수세력보다 좀더 강한 매도세력이 존재하는 시점이라 할 수 있다. 이러한 상승의 저항을 받는 점을 선으로 표현한 것이 저항선이다.

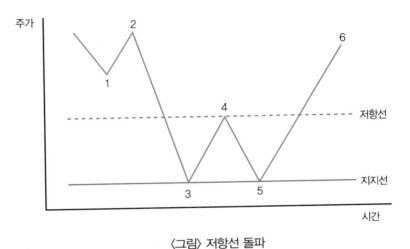

주가

저항선

지지선

시간

〈그림〉 저항선 돌파

2) 지지선

지지선이란 일정한 박스권 내에서 매도세력보다 좀더 강한 매수세력이 유입되어 주가의 추가하락을 방지하고 있는 저점들을 선으로 표시한 것이다.

이와 같은 의미의 저항선과 저지선은 그 자체의 의미보다 저항선 돌파 또는 지지선 돌파 등과 일정한 박스권 이탈이 발생할 때 좀더 중요한 의미를 갖는다고 할 수 있다.

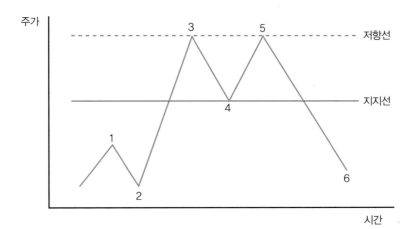

〈그림〉 지지선 돌파

3) 저항권과 지지권

저항선과 지지선의 박스권 안에서 주가가 움직이다가 지지선을 하향 돌파하는 경우 그 반대로 일정한 저항선과 지지선의 범위 내에서 주가운동을 보이다가 큰 흐름이 저항선을 돌파하는 경우를 지지권의 이탈이라고 한다.

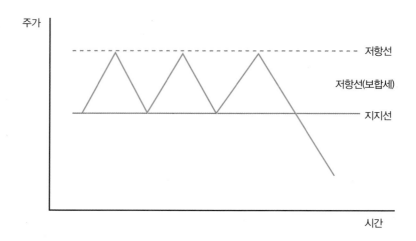

〈그림〉 저항선 형성

왕초보 주식투자 시크릿

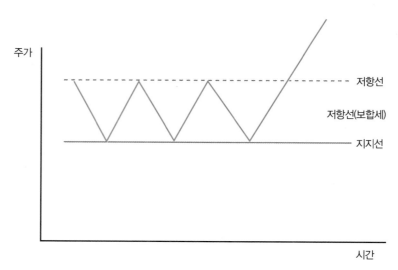

〈그림〉 지지선 형성

따라서 저항권과 지지권이 일정 시점에서 동일한 모습을 보인다고 할지라도 주가흐름의 추세가 어느 상황에서 발생한 것인가를 판단해야 한다.

4) 저항선과 지지선의 전환

★ 저항선의 전환

주가추세가 상승하는 과정에서 흔히 나타나는 현상 중의 하나로 이와 같은 저항선의 전환은 주가의 완만한 상승에서 많이 나타난다.

주가가 저항을 받아 상승하지 못하다가 어떤 이유로든 매수세가 증가하여 주가가 한 단계 상승한 후 새로운 범위를 정하여 상승과 하락의 운동을 반복하게 되는데 이러한 변동은 일정한 주가수준 범위 내에서 저항선이 저지선으로 전환되었음을 의미한다.

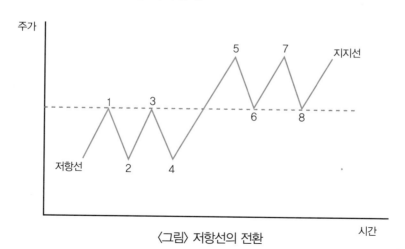

〈그림〉 저항선의 전환

★ 지지선의 전환

주가추세가 하락하는 과정에서 일어나는 일반적인 현상 중의 하나로 완만한 하락시에 나타난다.

주가가 매수세에 의하여 하락의지를 받은 후에 어떤 매도 세력의 증가로 주가가 한 단계 하락하여 지지선을 하향 돌파한 다음 하락한 주가에 대한 반발 매수의 유입으로 매수세는 소폭으로 증가하지만 이전의 지지선 수준에서 상승의 저항을 받는 형태의 모습을 나타낸다. 그리고 이러한 모습에서는 지지선이 저항선으로 전환되었음을 의미한다.

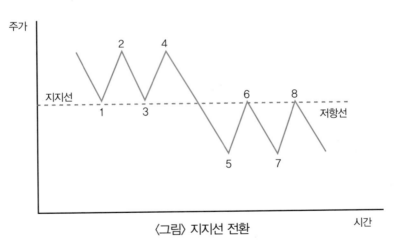

〈그림〉 지지선 전환

5) 자율반등과 자율반락

주가는 재료보다 수급에 우선한다. 즉 재료가 아무리 좋아도 매수세가 유입되지 않으면 재료로써의 가치는 없는 것이다.

따라서 주가의 하락폭이 너무나 깊어 주가가 싸다 싶으면 매수세가 유입되어 일정수준까지는 재료가 나타나지 않아도 상승이 가능하다는 뜻으로 해석할 수 있다.

★ 자율반등

지지선을 벗어난 주가가 계속 하락하면 일반적으로 거래량이 급감하게 되면서 추가 하락이 발생하게 되고 주가가 바닥시점에 접근하면 거래량이 증가되면서 일정한 수준까지 하락에 대한 반발로 반등을 하게 되는데 이와 같은 상승을 자율반등이라고 한다.

★ 자율반락

주가가 지지선을 이탈하여 계속 상승하면 일반적으로 추가 매수세력이 유입되어 거래량이 증가하게 되어 이 결과로 일정수준까지의 추가상승이 나타난다.

이후 이 상승에 대한 매도 세력의 증가와 매수세의 심리적 불안으로 일정수준까지 하락하는 모습이 나타나는데 이것을 자율반락이라고 한다.

주가분석에 대하여
반드시 알아야 할 이론

주가분석에 이반드시 알아야 할 이론이 있다.
그 이론이 반드시 적용되는 것은 아니지만 주가분석에 기본이라고 할 수 있다.

주가에 대한 분석은 주가의 흐름을 알아서 투자하여 수익을 내려고 하는 데 그 일차적인 목표인 것이다. 이런 분석에는 기술적 분석과 기본적 분석이 있는데, 주가차트에 의한 분석은 기술적 분석이며, 이와 같은 분석에는 수많은 차트가 이용되는데, 여기서는 주식에 투자하여 돈을 벌기 위해서는 반드시 알아야 할 이론을 소개하고자 한다.

1) 엘리어트 파동 이론

20세기 초 엘리어트는 정기적인 주가의 흐름을 연구하고 관찰한 결과 주가는 일정한 패턴에 의해서 움직인다는 사실을 발견했다.

엘리어트가 발견한 가격변동의 일정한 패턴의 법칙에 의하면, 시장에서 주가가 일정한 리듬으로 반복되는데 이러한 리듬에는 5번의 상승파동과

3번의 하락파동이 있다는 것이다.

이제 차트를 통해서 엘리어트 파동이론에 대해서 알아보자

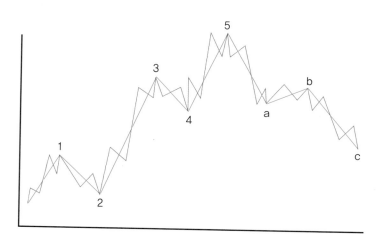

〈그림〉 엘리어트 파동 이론

상승국면의 5개 파동은 각각 1번에서 5번으로 분류할 수 있는데 1,3,5번
은 상승파동이고, 2,4번은 조정파동이다.

이러한 기간 동안의 상승이 끝나고 하락국면에 접어들면 다시 새로운 3
개의 파동이 나타나는데, 이것은 각 a,b,c로 분류되며, a,c 파동은 하락파
동이고 b파동은 조정파동으로 부른다.

한편 각각의 파동은 충격파동과 조정파동으로 분류되는데, 충격파동이란 전체적인 시장의 움직임과 같은 방향으로 만들어지는 파동을 말하고, 조정파동은 이런 움직임의 반대방향으로 움직이는 파동을 말한다.

★ 각 파동의 특징

■ 1번 파동

1번 파동은 추세가 새롭게 전환되는 시점으로 지금까지의 추세가 일단 끝나고 다시 새로운 추세가 시작되는 시점으로 일반적으로 5개의 파동 중에서 기간이 가장 짧다.

대부분의 경우 주가가 바닥권에서 나타나는 자율반등 정도로 보기 때문에 파악하기가 쉽지 않다. 이러한 1번 파동은 충격파동으로 반드시 작은 5개의 파동으로 되어 있다.

■ 2번 파동

2번 파동은 1번 파동과 반대방향으로 형성되며, 1번 파동으로 인하여 전문가들도 새로운 추세가 시작되었다고 판단하지 못한다.

보통 2번 파동은 1번 파동의 38.2% 또는 61.8% 비율 정도 되돌리는 경향이 있고, 1번 파동을 100% 되돌리는 경향은 없다.

■ 3번 파동

3번 파동은 5개의 파동 중에서 가장 강력하고 또한 가격변화가 활발한 구간으로 일반적으로 제일 긴 파동구간을 갖고 있다.

주식의 거래량도 최고로 늘어나게 되며 가격의 움직임 중에서 갭(틈새)이 나타나는 예도 많다.

이러한 3번 파동은 1번 파동에 비하여 길이가 길며, 일반적으로 1번 파동에 비해 1,618배나 된다. 다만 이 수준에서 반드시 끝나는 것이 아니고 상당기간 지속될 수도 있다.

따라서 1.618배의 수준에서 4번 파동의 출현을 예상하지 못하여 투자를 한다면 손해를 볼 수도 있으므로 주의가 필요하다.

■ 4번 파동

4번 파동은 어떤 파동보다도 예측하기가 쉬운 파동으로 일반적으로 3번 파동을 38.2%되돌리는 경우가 많으며 또한 3번 파동을 5개의 작은 파동으로 나누었을 때 그 중에서 4번째 파동만큼 되돌리는 경우가 높다.

또한 4번 파동은 반드시 1번 파동의 최고점보다 높은 수준이어야 하거나 아니면 4번 파동의 최고점은 반드시 1번 파동의 최저점 보다 낮은 수준이어야 한다.

■ 5번 파동

5번 파동은 지금까지 진행해온 상승추세가 막바지에 이르는 국면으로 가격의 움직임도 3번 파동과 비교하여 그리 활발하지 못하여 거래량은 3번 파동에 비하여 적게 형성된다.

또한 1번 파동과 똑같은 길이로 형성되거나 또는 1번에서 5번 파동까지의 길이의 61.8%되돌리는 경향이 있다.

■ a파동

1번 파동 때부터 시작한 주가 움직임의 상승추세가 5번 파동에 이르러서 끝나고 지금까지와는 반대의 추세로 새로운 움직임이 시작되는데 a파동은 새로운 파동의 시작으로 인한 충격 파동이므로 반드시 작은 5개의 파동으로 구성된다.

■ b파동

b파동은 새로이 시작하는 하락 추세에서 반발하는 매입세력이 시장에 나타나면서 보이는데, 보통은 거래가 활발하지 못하다.

이 파동은 1번에서 5번 파동까지의 상승추세가 잠깐 동안의 조정파동인 a파동을 거치고 다시 상승기에 접어드는 듯한 착각을 들게 하는 과정이다.

★ c파동

c파동은 세 번째 파동이라는 점에서 3번 파동과 유사한 점이 많은데 거래는 비교적 활발하게 이루어지고 도중에 갭이 나타나는 등 가격 변동이 큰 것이 특징이다.

2) 이동평균선

매일 매일의 주가나 거래량의 변화를 도면에 그려보면 대개 이 선들은 변화가 심한 불규칙한 곡선으로 나타난다.

이동평균선이란 이와 같이 불규칙적으로 나타나는 선들을 단순하게 만든 곡선을 말한다. 그리고 이동평균선은 주가이동평균선과 거래량 이동평균선으로 분류된다.

★ 이동평균선의 종류

■ 주가이동평균선 : 단기추세선-25일 이동평균선

중기추세선-75일 이동평균선

장기추세선-150일 이동평균선

■ 거래량 이동평균선 : 단기추세선-6일선

중기추세선-25일선

★ 작성 방법

이동평균선을 작성하기 위해서는 매일 매일의 이동평균치를 구해야

한다.

6일 이동평균선을 예로 들면 구하고자 하는 날까지의 6일간의 종가나

거래량을 합해서 6으로 나눈 수치다.

날 짜	1	2	3	4	5	6	7	8	9	10
종합주가지수	1717	1732	1734	1708	1710	1695	1698	1720	1726	1734

예를 들어, 7일까지 6일 동안에 이동평균선은 (1698+1695+1710+1708+
1734+1732)÷6=1713이 된다.

3) OBV

OBV선은 그랜빌이 만든 거래량지표로써 거래량은 주가에 선행한다는

전제하에 주가가 전일에 비해 상승한 날의 거래량을 누계에서 하락한 날

의 거래량을 차감하여 이를 매일 누적적으로 집계해 도표화한 것이다.

OBV선은 주가가 분명하게 등락을 보이지 않고 정체되어 있을 때에 거

래량 동향에 의하여 향후 주가의 방향을 예측하는 주요한 기술적 지표의 하나이다. 이 지표는 시장이 매집단계에 있는지 아니면 분산단계에 있는지를 보여준다.

★ 작성방법
■ 주가가 전일에 비하여 상승한 날의 거래량은 전일의 OBV에 가산한다.
■ 주가가 전일에 비하여 하락한 날의 거래량은 전일의 OBV에 차감한다.
■ 변동이 없는 날의 거래량은 무시한다.

4) ADL(등락주선)

등락선은 일정기준일 이후부터 전일의 종가에 비하여 오른 종목 수에 대해서 내린 종목 수를 뺀 것을 매일 누계하여 그것을 선으로 이어서 만든 것을 말한다.

5)이격도

이격도는 단기적인 매매시점을 포착하는 데 사용하는 지표로서 주가가 이동평균선으로부터 떨어져 있는 정도를 나타낸다.

$$이격도 = \frac{주가}{이동평균선} \times 100$$

주가와 이동평균선과의 관계에서 주가가 이동평균선으로부터 멀리 떨어지면 주가는 어떤 형태로든 파동운동을 반복하는 경향이 있기 때문에 이동평균선으로 되돌아오는 수정운동이 뒤따른다.

이격도를 이용한 투자전략은 우선 상승국면일 경우 25일선과 75일선의 이격도가 98%수준에서 매수하고, 25일선 이격도가 16% 이상, 75일선의 이격도가 110%이상에서 매도하는 것이 좋다.

또 하락국면에서는 25일선 이격도가 98% 수준, 75일선 이격도가 88% 수준에서 매수하고, 25일선 이격도가 102% 이상 75일선 이격도가 104% 이상일 때 매도하는 것이 좋다.

6) 역시계곡선

역시계곡선은 주가의 25일 이동평균선을 세로에, 거래량의 25일 이동평균선을 가로에 나타내어 매일 매일의 교점을 연결하여 그린다.

그런데 곡선 모양의 시계반대방향으로 움직이는 좌회전 곡선이 되는 경우가 많기 때문에 역시계곡선으로 부른다.

역시계곡선은 주가와 거래량의 상관관계가 매우 크다는 점과 거래량이 주가에 선행한다는 두 가지 이론에서 작성된 것으로 중기 주가예측에 비교적 유용하게 활용하고 있다.

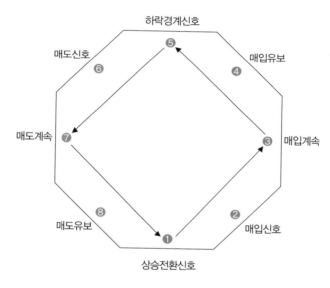

〈그림〉 역시계곡선의 각 국면별 신호

7) 단수지수

일반투자자의 매매동향이 주식시장을 예측하는 데 중요한 의의를 갖게 한다는 것을 바탕으로 대중은 주식매매에 있어서 언제나 잘못된 행동을 반복적으로 한다는 가정에 근거를 두고 있다.

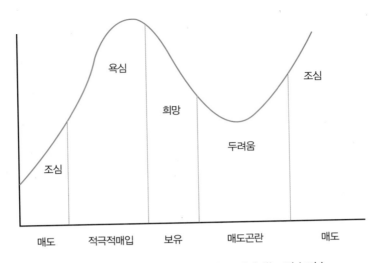

욕심

조심

희망

두려움

조심

매도　　　　적극적매입　　　　보유　　　　매도곤란　　　　매도

〈그림〉 일반투자자의 잘못된 형태를 나타내는 단수지수

　일반투자자들은 일반적으로 잘못된 행동을 반복하는 경향이 있는데 고
가권에서 주식을 매수한 투자자가 주가가 하락국면이 되면 다시 오를 것
이라는 희망을 갖고 계속해서 주식을 보유하거나 바닥권에 진입하게 되
면 극도로 공포심에 사로잡혀 매도하고자 하는 매도시점을 놓치거나 느
리게 된다.

　이러한 상황에서 반등 내지는 상승초기에 보유종목을 매도하는 행동을
하게 된다.

　이와 같은 잘못된 투자 형태를 파악하여 투자에 활용하고자 하는 지표
로 사용되는 것이 단수지수이다.